せんせいのつくり方

"これでいいのかな" と考えはじめた "わたし" へ

岩瀬直樹　寺中祥吾
監修 プロジェクトアドベンチャージャパン

旬報社

はじめに

　本書は公立の小学校で先生として子どもと向きあっている岩瀬直樹とプロジェクトアドベンチャージャパン（PAJ）でトレーナー（ファシリテーター）として体験教育にかかわる寺中祥吾の共同執筆によるものです。

　職業も、働く環境も、経験も異なる二人が、学びや子どもたちが成長していくことについて、そしてどんな人として子どもとかかわりたいと考えているかについて書きました。お互いに伴走しながら、みずからも走っていくというかたちで本書は書かれています。わたし（阿部）はPAJのスタッフで、二人の対話をサポートする役目を担いました。わたしたちの根底にあるのは、「子どもたちが毎日幸せに過ごせる社会」を築きたいという思いです。

　著者二人が本書をつくるなかで挑戦したことは、「いままでに自分が体験してきたことや、知っていることを伝えること」ではなく、「自分たちが日々突きつけられていることに挑む、そのプロセスを提示すること」をつうじて、教育現場での学びのあり方、先生のあり方、クラスのあり方を考えていきたいということです。本書を読み進めていくなかで、著者たちが書き進めてきた道程とみなさんの気持ちが重なりあえばと願い、工夫をこらしました。

　「このことに対処するには、こういう方法がいちばん！」というような正解があればどんなに楽かもしれません。でも、そんな魔法がないからこそ、「一緒に考えられる本をつくる」という挑戦をしてみたくなったのです。

　著者たちをつないだ、プロジェクトアドベンチャー（PA）は、1970年ごろ、ボストン郊外の公立の高等学校の教師が中心になって、「Bring the Adventure Home」（アドベンチャーをもっと身近に）というスローガンを掲げてスタートした体験教育プログラムです。アドベンチャーの要素を活用して、協力し合う関係と場を築きながら、個々が成長していくことを目指しています。PA独自の手法とグループワークや体験教育の考え方も取り入れ「気づいて学ぶ」環境をつくります。

　日本では1995年にプロジェクトアドベンチャージャパン（PAJ）が設立され、学校を中心に、教育委員会や各地の野外教育施設、また企業やスポーツチームなど幅広い分野で活用されています。

　本書では、PAについてのくわしい説明、そのやり方などはご紹介していません。巻末にPA関連書籍のリストがありますので、参考にしてください。

　ここから、新たなアドベンチャーがはじまることを願って……。

本書の特徴――「ワーク」から考える

　今回、本書を企画、執筆するにあたって、「ただ読むのではなく、ワークショップに参加して学びあっているような感覚をもてるような本にしたい」「先生としての自分について探ることができる本にしたい！」という思いがありました。そのような思いから、本書にはワークを設けています。

　ワークには正解はありません。ワーク自体に答えがあるのではなく、ワークを通して「自分に

はじめに

とってどのような意味があるか」を、自分自身で探ってほしい。ワークに取り組んだ人が、その人なりの解を見つけることで、その解を現場で生かしてもらいたいのです。そしてワークに取り組んでみて、感じたことや考えたことを、どのように日常にあてはめていくのか、そのプロセスを楽しんだり、悩んだりしてみてください。また、それをだれかと話をすることがそのプロセスを助けてくれるかもしれません。

本書にも「太鼓判的正解」はありません。読み進めながら、不安な気持ちや「じゃあ、どうすればいいの？」という思いをもつこともあるかもしれません。その揺らいだ気持ちが、自分のなにとつながっているのか、自分の実践にどうつながるか、そんなこともワークを通して、見つけてもらえたらと思っています。

わたしたちは「体験をもとにした学び」を大切にしています。答えを提示するのではなく、体験したことから気づいたことを学びにつなげていく「体験教育」の視点から、読者のみなさんと、先生のあり方、クラスのあり方を考えていきたいのです。

ワークは1回ためしてオシマイという性質のものではありません。繰り返すことで、その時どきの気持ちを反映したり、ちがう気づきを得られるかもしれません。時間をおいて何度もワークに立ち戻ることで、自分なりのワークを育てていきましょう。

●イラストカードについて

イラストカードを使ったワークがいくつかあります。このカードはプロジェクトアドベンチャージャパン（PAJ）で製作・販売している、「しるらないカード」（本書のワークにあるカードのようなふりかえり用のイラストカード100枚のセット、PAJのHPにて販売）をベースにつくられたカードです。

「しるらないカード」はその時どきの状況や気持ちによって選ぶカードが異なるので繰り返し使っていくことができます。自分の気持ち、自分でもまだ気づいていない気持ちを知ることができるカードです。

本書で使うカードも繰り返し使ってみることによって、別の視点から自分やクラスへの気づきが生まれるかもしれません。

本文を読んで、ワークをおこない、カードも使って、その先にある「解」は何なのでしょう。その道のりを一緒に歩んでいける本でありたいです。そして、いま、見つけた「何か」と、次の機会に見つけた「何か」が異なっていたときに、そのちがいや変化をおもしろがれるようになるといいなあと思います。日々動いていくもの（自分も環境も）に、その時どきの輪郭を与えるツールとして活用してほしいと思っています。

＊本文に掲載されているワーク用イラストカードは、カードとして使いやすいように、旬報社HP（http://www.junposha.com）からダウンロードできます。プリントアウトして、対話をするツールとして活用してください。

「しるらないカード」

もくじ

はじめに……… 2

ワーク1　ニックネームをつけてみよう……… 6
ワーク2　マドマドという生きもの……… 7

第1章　「あたりまえ」を問いなおす　8

「問い」から考える……… 8
「答え」から考える……… 11

第2章　先生としての「わたし」、自分自身としての「わたし」　15

子ども時代からみえるいまの自分……… 15
ワーク3　子どものころ、好きだった・キライだった先生……… 19
「教室にいるわたし」はどんな自分？……… 21
ワーク4　先生としての「わたし」と「わたし」自身……… 25
わたしの、せんせいの仕事……… 28
ワーク5　先生の「しごと」としてやっていること……… 34

第3章　「これでいいのかな」と考えはじめた「わたし」へ　38

意図やコントロールの外側で起こること……… 38
ワーク6　感情から生まれる行動を考える……… 43
感情と行動の「間」……… 45
引いてみる視点──PAのGRABBSS……… 48
一つの出来事、小さな違和感……… 54
ワーク7　わたしたちがもっているかもしれない「思い込み」……… 59

| ワーク8 | クラスの姿、クラスのプロセス……………… 61 |
| ワーク9 | クラスとわたしの関係……………… 63 |

第4章　めざしたいクラスを探している「わたし」へ　66

- クラスってどういう場？……………… 66
- 凝集性の向かう先……………… 76
- 集団をみること、個を大切にすること……………… 81

第5章　「やり方」か「あり方」か、悩んでいる「わたし」へ　90

- やり方が先か、あり方が先か……………… 90
- 手法の「やり方」「考え方」と、わたしの「あり方」……………… 95

- おわりに　先生もまた学び手である……………… 101

あとがき……………… 103

岩瀬直樹（いわせ・なおき）

埼玉県小学校教諭。信頼ベースのクラスづくり、「読み」「書き」を中心に、ワークショップを核とした授業づくりに力を入れている。日々、「よりよい教育って？」を子どもたちと楽しく試行錯誤中！

寺中祥吾（てらなか・しょうご）

プロジェクトアドベンチャージャパントレーナー。先生をめざした大学生、野外教育を学んだ大学院生を経て、現職。主に学校教育の分野でPAの手法を伝えたり、PAを通した気づきと学びの場づくりをしている。遊ぶような自然で自由なファシリテーションを目指して、修行中！

ワーク1

ニックネームをつけてみよう

　本書を読み進むまえに、ウォームアップをしましょう！

　本を開いていきなり、ウォームアップと言われても……、と戸惑ってしまうかもしれません。しかし、体を思いきり動かすまえは、ストレッチなどをして体をほぐしてからはじめます。思考するまえも同じです。思考するためのストレッチからはじめたいと思います。

　本書にはたくさんのワークがあります。そのためにまずは軽くからだを伸ばすようにウォームアップをしようと思います。

　これからはじまるウォームアップワークに意味があるか、ないか？　そもそも意味なんて必要なのか？　そんなことはちょっと横に置いて、ウォームアップをはじめましょう。

　真剣に取り組みながら、しかし気持ちは軽々と、楽しむコツです。アレンジをして子どもたちと取り組むのも楽しいかもしれません。ぜひ、とばさず！　やってみてください！

①過去によばれたことのあるニックネームをすべて書いてください。

[　　　　　　　　　　　　　　　　　　　　　　　　　　　　　　]

②カタカナで10文字以上のニックネームを自分につけてください。

[　　　　　　　　　　　　　　　　　　　　　　　　　　　　　　]

ワーク2

マドマドという生きもの

マドマドという生きものがいたとします。それはどんな進化をするでしょうか。並べかえてみましょう。

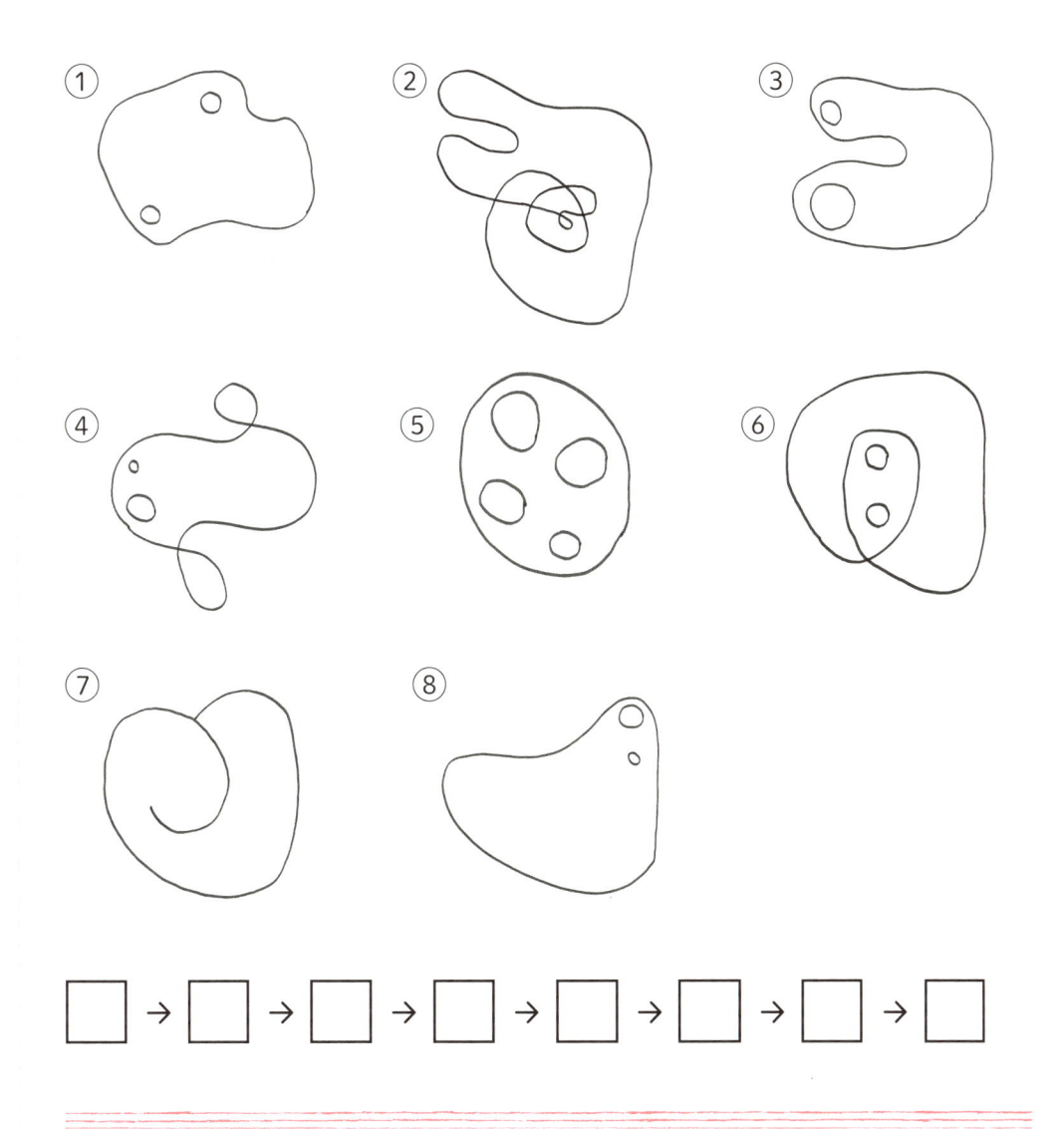

□ → □ → □ → □ → □ → □ → □ → □

第 1 章
「あたりまえ」を問いなおす

「問い」から考える

　ボクは現在、先生になって23年目。
　いつの間にか「あたりまえ」になっていることがたくさんあることに気づきます。

　極端な例ですが、ボクは「気をつけ！」とか、「縦横そろえて行進！」とかがとっても苦手な子どもでした。
　とにかく動き回っていなくては気がすまない、という子どもでしたから、そろえてなにかをする、ということが不得意だったのです。ほんとうによく怒られていました。

　それなのに先生になったボクは、平気で子どもたちに「やらせて」しまいます。最初は違和感があって、とくに若いころは職員会議で「こんなことやめましょう！」なんて熱く力説していたのに（笑）、いつのまにかそれもなくなり、ごくあたりまえに、「縦横そろえて！　手を振って！」ということに違和感を感じなくなってしまっています。
　そんな自分に気づいて愕然とします。

　ボクはクラスのまとまりを第一に考えて学級経営をしている時期がありました。「運動会絶対勝つぞー！」なんて目標を立てて、その目標に向かってみんなで協力し合ってぐいぐい進んでいく。そんなクラスの一体感と凝集性を活かしてボクは学級をまとめてきました。子どもたちは燃え、「いいクラス」として多くの子どもたちも保護者も、そしてボクも疑いなく過ごしていました。

　でも、あるとき思ったのです。
　もしボクが子ども時代に戻ってこのクラスにいたらどう感じるだろう、と。

先ほど書いたようにボクは一人で飛び回ることが得意な子（＝ものすごく落ち着きのない子）でしたから、過剰に「クラスみんなで！」といわれると反発していたかもしれません。少なくとも居心地の良さを感じられなかったかもしれない。

　ちょっと思考実験してみます。
　ボクが住んでいる地域が「この目標に向かってみんなで一体になって進んでいきましょう」なんて「地域目標」みたいなのを立てられたら？
　目標のために必ず参加しなくてはならない会議や行事……。
　参加しないと「自分たちの地域の目標でしょう！」「地域をよくするためなのだからみんなでやりましょうよ！」なんて怒られたりして……。
　うーん、ちょっと息苦しそう。

　もっと緩やかにつながっていて、必要なときはもちろん協力しあい、普段は一人ひとりが自分のやりたいことを大切にして生きていける。困ったときはご近所に、「ちょっと相談があるんだけど」といえる。そんな「やわらかさ」のなかで過ごしたいなあと思います。

　では、あらためて自分のクラスを考えてみたとき、もしかしたらやや過剰に「一体感」を大事にしていないだろうか。自分が所属したいなあと思うコミュニティのイメージとクラスとの小さなギャップ。

　小さな違和感が生まれてきました。
　それがボクの「問い」の入り口でした。

　その小さな違和感に敏感になって、ボクたちが「あたりまえ」と考えてきていることをもう一度見つめてみる。
　「それってほんとうなの？」と自分に問うて、ちょっと考えてみる。
　そんなことの必要性を最近感じているのです。

　突然ですが、よく学校でおこなわれている、「起立、礼、着席」は明治時代からすでにあったそうです。もう100年以上続いています。

　「へえ、そうなんだ、けっこう続いているんだね」
　あなたはそう思ったかもしれません。でも、それ以上の思考はあまり広がらないでしょう。

では、明日から「起立、礼、着席」のような号令以外の方法で授業をスタートしてください！といわれたらあなたはどうしますか？

　「えっ？　どうするだろう……」。
　ただ礼をする？　ちょこっと歌を歌ったり、ゲームするという手もあるか。毎時間じゃ大変かなあ。そもそも、あいさつなしではじめるっていう方法もあるよなあ。よく考えると、なんのために「起立、礼、着席」のような号令みたいなものが必要なんだろう？　気持ちを切り替えるため？　ホントに必要？

　人はこのように質問されると思わず考えてしまいます。
　いきなり「正解」がでてくると人の思考って、そこで止まってしまいがちです。
　でも「問い」はボクたちのノーミソを動かします。

　「学校ってこうだ」「先生はかくあるべき」「学級はこうつくろう」
　いままで考えてもみなかったことでも、ちょっと立ち止まってみるとノーミソを動かす「問い」が発見できそうです。

　小さな違和感。そこにちょっと立ち止まって、一緒に考えてみませんか？

　「せんせいってなに？」「クラスってなんだろう？」
　あたりまえになってしまったことをもう一度『問い』に戻してみて、考えてみたいのです。一人で考えるのではなく、職場の同僚やなかまと思考をぶつけ合ったほうが、より自分が手にしたい「回答」が得られそうです。

　「わたしはどんな先生になりたいのか？」「わたしはどんなクラスをつくりたいのか？」などという問いへの「自分なりの回答」を探して、一緒に「思考のアドベンチャー」に出発しましょう。

「答え」から考える

　中学生のころの話です。
　友だちの一人が、少しまえまで学校の裏にサンショウウオが棲んでいたと、五つ上のお兄ちゃんに聞いてきました。「サンショウウオはおらんやろう」「いや、おったらしかとって！」そんな問答を何回か繰り返し、ぼくたちはサンショウウオが生息していたという学校の裏の側溝を見に行くことにしました。5、6人で連れ立って見に行くと、その側溝は、泥や落ち葉、お菓子の袋で埋まってしまっていました。

　　　　「汚なかやっか」（汚いじゃないか）
　　　　「こいは、住めんやろう」（これでは、住めないよね）
　　　　「こがん汚れとるとね」（こんなに汚れてるんだね）
　　　　「ここのきれかごとなったら、サンショウウオ住めっとかなあ」
　　　　（ここがきれいになったら、サンショウウオ住めるのかなあ）
　　　　「掃除、してむうか……」（掃除、してみようか……）

　そうして、それから1ヵ月ほど、休み時間や放課後に集まっては側溝のごみを集め、泥をかき出す、「サンショウウオを取り戻せプロジェクト」がはじまったのです。
　そこに集まっていた5、6人は、掃除の時間にはどうやって先生の目を盗んで遊ぶか、ということに知恵のある男子ばかり。もし先生から「学校の裏の側溝、掃除しといて」といわれても、絶対にしなかったはずです。でも、その時点では「掃除をする」ということが、サンショウウオが戻ってくるために必要な「答え」なんだと信じて疑わず、一生懸命でした。側溝をきれいにすることはまちがっていないと思っていたし、みんなが納得していました。側溝がピカピカになった後、学校の生物の先生に報告しにいくと、「そんがんきれいにしたら、サンショウウオどころかなんも住めんぞ」といわれて、その「答え」は「正解」ではなかったことを知ったのですが……。

　きょうの晩ごはんから教室でのトラブルまで、ぼくたちは毎日たくさんのことに迷ったり悩んだりしています。その迷いや悩みの先にたどり着くのは、スパッと明快な正解であるかもしれないし、だれも正しいかどうかわからないもやっとした答えかもしれません。
　だからといって、「正解はないから考えてもしょうがない」とあきらめてしまうのはもったい

ないし、「どこかに絶対的な答えがあるはずだー！」と力を入れすぎても疲れてしまいます。そんな正解のない問いも、「正解はないかもしれないけれど考え続けておこう」と軽やかにもち続けていられたらいいなあと思っています。そしてその時どきで、これだと思える「最適解」や「納得解」を積み重ねていきたいのです。

　「最適解」は、いまの状況や手に入る情報を元にしたいちばん確からしい「答え」のことです。そしてそれに、「いまのところ」というただし書きがつく「答え」です。
　自分がこれだ！と思っていること、これまでの経験によって積み上げてきたことには、なかなかそのただし書きができないことがあります。ほんとうはもっと先があるかもしれないのに、いま手にしているものが唯一の「正解」のように感じてしまいます。そして、生物の棲めない側溝にしてしまったりするのです（涙）。
　確信しているベストだと思える答えにも、ベストに近づいている途中かもしれないという余地を残せる。そういう「いまのところ」というただし書きができると、ぼくたちは変わっていく可能性を狭めないでいることができるかもしれません。

PA アクティビティ「マシュマロリバー」

「納得解」は「こういうことだ」「こうしてみたい！」と思えるような、自分のこととして捉えられる答えのことです。

わかりやすい理路で伝えてもらったこと、信頼している人から教えてもらったこと、自分自身で見つけ出したこと、プロセスはいろいろだと思いますが、その答えには心（感情）が味方についています。どんなに正解めいた答えも、どこか腑に落ちないところがあったりひっかかりがあったりすると、納得解にはなりません。そう考えると、自分で考えて、自分で見つけた答えは、おのずと納得解になります。

先生に「学校の裏の側溝、掃除しといて」といわれても、まったく自分のこととしては捉えられません。もしかすると、「サンショウウオが戻ってくるから」といわれたとしても、「掃除しよう！」とは思えなかったでしょう。

自分で考えて自分でみつけた納得解が持てると、自然とからだが動くし、なにより楽しいのです。

一人ひとりのなかでは、「最適解」と「納得解」は同じであることが多いと思います。時どき、「正しいとは思うけれど、なんだか腑に落ちない……」とか「正しいとは思えないけれど、こうしたい！」というズレが起こる場面もあるかもしれません。

だれかと一緒に「最適解」「納得解」を考えるときは、その二つがずれていることがたくさんあります。わたしの答えとだれかの答えをすり合わせて、わたしたちの答えをつくり上げるのは、簡単ではありません。でも時に、つくり上げる過程のなかでだれも想像していなかった答えが見つかることもあります。プロジェクトアドベンチャー（PA）の活動には、みんなで「最適解」や「納得解」をつくり上げるチャンスがたくさんあります。そのなかで、思ってもいない考えが生まれることもあります。そういう瞬間が、最高におもしろいのです。

はじめは、「えー、こんなの絶対ムリー！」といっていた子どもたちが、だれも答えを知らないところからみんなで答えをつくり上げるおもしろさを知ると、次からは課題が難しいほど目がキラキラしていきます。つられてぼくもわくわくします。

「そういえば考えたことなかったなあ」「改めて考えてみるとちょっとおもしろいかも！」という問いで遊んでみると、思ってもいなかった答えがみつかるかもしれません。

いまのところの「最適解」と自分事の「納得解」を探してみること、それをだれかと一緒に考えて刺激し合うこと、その全部をひっくるめておもしろがること、本書の文章やワークを通してそういうことができたらいいなあと思っています。参考までに、ぼくたちの「最適解」と「納得解」も、ところどころに書いています。「いまのところの」なのですが……。

学校のなかでじっくり子どもたちと関わる岩瀬と、短いけれど凝縮された時間を一緒に過ごすぼく。自分自身のことや子どもとその周りのことをいくつかの問いに変えて、関わる時間や空間の違う二人で眺めてみることで、いろんな距離から考えてみたいと思っています。

　たとえば、ぐっと近くに寄って、実際のエピソードや、こんなときどうしようといった悩みについて……。あるいは、すっと引いて、わたしたちはどんなふうに教室に立っていて、どんな先生でありたいのか、学ぶっていったいどういうことなのかということについて……。

　二人がそれぞれの距離感で眺めてみて、見えてきたことをもち寄り、いまのぼくたちなりの「納得解」を探してみます。でもそれはいまのところの「最適解」でしかなくて、自分のなかで、目の前の子どもたちと一緒に、考え続けていくものなのだろうと感じています。でも、そういう答えの不確かさは、ぼくがいまの仕事を好きな理由の一つなのかもしれない、とも思うのです。
　だれかの答えではなく、自分のこととして先生という仕事やクラスについて考え、その「最適解」「納得解」を探すことは、その時どきで、自分から飛び出してみるという「思考のアドベンチャー」です。
　いまのわたしとこれからのわたしをつなぐ、「思考のアドベンチャー」がはじまります。

　ちなみに、『サンショウウオを取り戻せプロジェクト』から十数年後のお正月。当時の仲間と話していると、「あの後、図鑑ば見て調べたら、兄ちゃんがあそこで見たとはサンショウウオじゃなくてイモリの仲間やったとばい」とのことでした。結局、ただの側溝の大掃除だったんですね。

第 2 章
先生としての「わたし」、自分自身としての「わたし」

子ども時代からみえるいまの自分

　自分の子どものころを思い出すのって、けっこう楽しいし、意外な発見があったりしませんか？
　ボクの子ども時代。なんといっても「宿題」が敵だった。

　家に走って帰ると、玄関からランドセルを投げ入れて「いってきまーす！」と遊びにいくような子だったのでなおさらだ。
　宿題のない日は「やったー！」。思いっきり放課後遊びほうけた。
　やるときはほんとうにイヤイヤ。鬼婆のような母親の「直樹やったの！」という声に、しぶしぶやっていた。時には計算ドリルの答えを見て写したり、電卓使ったり、漢字なら、先ににんべんを縦1列書いて、そのあとに木を縦1列追加していく、みたいなワザまで駆使して。それをみごとに見破る先生。ほかのことはほとんど覚えていないけれど、宿題のことで怒られたことははっきり覚えている。当時のボクに「とにかく早く終わらせること」は切実だったようだ。

　ボクは、「宿題をやってこなかった子ども」だったことはまちがいない。
　宿題や家庭学習ノートが自分にプラスになった！　という実感もあまりない（これは覚えていないだけかもしれないけれど）。

　しかし、先生になったボクは、子どもが宿題をやってこない、家庭学習をやってこないということを割と気にしてしまう。
　「やらなかった分を休み時間にやりなさい」なんて罰にしたことも、残念ながらある。

　なぜボクはそこにこだわってしまっていたのか。あらためて考えてみると……。

やらないことをOKにすると、ずっとやってこないのではないか。
そのように約束を守れないと、将来困るのではないか。
ほかの子たちもやってこなくなるのではないか。

そう考えていた自分に気づく。

そもそも、学校で6時間も勉強して、さらに家庭で宿題をやる必要があるのか。なぜ宿題はあるのか？ それは、「起立・礼・着席」の号令のように学校にあたりまえに存在しているけれど、根本から考えてみる価値のある問いだ。
数年前、オランダの小学校に参観に行ったときのこと。その学校には宿題がないというので驚いた。理由をたずねるとおおよそこんな答えだった。
『学校でのことは学校で終えるべき。おとなになって仕事をするときも職場で決まった時間のなかで終わらせることが大切。遅くまで残ってやったり、仕事をもち帰るというのは能力がないと見なされる。それに家での余暇の時間を充実したものにするのはとても大切なこと。
子どものころから、家での時間は自分たちの時間として充実した時間にする練習をしておかないと、おとなになったときにそうできなくなる。そもそも宿題がある理由はなんですか？』

うむむ。
思わずボクはうなってしまった。たしかにその通りだなあと。

子どものころに感じていたことと、いまの自分がやっていることをくらべると、ずいぶんちがっていることに気づいた。そして「あたりまえ」だと思ってやっていたことも、「ほんとうにあたりまえなのか？」と考えてみると、意外とそうでもないらしい。
もう一度、自分の視点を子ども時代に戻してながめ直してみる、ということは、先生という仕事をするうえで意味がありそうだ。

もう少し子ども時代を思い出してみる。
ボクが子ども時代に好きだった先生。「この先生が大好きだった！」という先生は残念ながらいないけれど、いまでも映像として浮かぶぐらい印象的なエピソードはいくつかある。

小4のときの担任の月沢先生。運動の好きなやさしいオジサン先生だった。
ある日の朝の会。先生は、ご自身のお母さんが亡くなったことを教室で話しながら、突然ぽろぽろと涙を流しはじめた。

第 2 章　先生としての「わたし」、自分自身としての「わたし」

　ボクはびっくりした。先生ってなぜかはわからないけど泣いたりなんかしないものだって思いこんでいたから。
　優しいお母さんだったこと。みんな年をとっていくからしかたがないこと。
　でもやっぱりショックで涙がとまらないこと。みんなには親を大事にしてほしいこと。
　「みんなごめんね」とめがねを外し、ハンカチで涙を拭きながら、「明日から何日か休むけど、教室のことよろしくね」といった。
　授業やクラスで起きたことはほとんどおぼえていないのにこのシーンだけは、鮮明に覚えている。

　中1の時の亀井先生。担任で、社会科の先生だった。
　授業は抜群におもしろく、ボクが社会科が好きになったきっかけになった先生。声が大きくて、ちょっと怖くて生徒指導が得意な先生でもあった。
　秋の合唱コンクールの練習のまっただ中。ボクは指揮者をやっていた。
　毎日の練習で「もっとしっかり振ってくれないと歌えない！」と突き上げを食ったりして、けっこうヘトヘトになっていた。
　そんなある日。放課後、職員室に日直が書く学級日誌を提出にいったときのことだ。
　「おう、ごくろうさん。岩瀬、いよいよ明日だな。肩とか疲れてるだろう。おまえが頼りだからなー」

亀井先生はニコニコしながら、肩をぐいぐいともんでくれた。なんというか、それがなんともうれしかった。
　ただそれだけのエピソードだ。

　あらためてこうやって言葉にしてみると、「自分のことを大事に想ってくれてるんだなあ」と実感できることがボクにとっての「いい先生」だったことに気づく。
　月沢先生には、ボクは「温かさ」を感じた。ああ、先生も人間なんだなあ。そういう弱いところもあるんだなあという驚き。真剣に「オトナの事情」を話してくれたことがとても印象的だった。亀井先生が声をかけて、肩をもんでくれたことで、自分が大事に想われていることを体感できたんだ。

　そういえば、ボクも子どもたちに、いま自分がはまっている本の話とか、自分が悩んでいることなどをわりと素直に話している。失敗したなあと思ったときに、子どもたちに謝ることもしばしば。授業の進め方で迷ったときには、「ボク、どっちがいいか迷ってるんだけど、みんなはどう考える？」なんて相談することもある。あらためて知らず知らずのうちに月沢先生の影響を受けているんだなあって気づいた。

　ボクは一人ひとりに声をかけること、をとても大切にしている。ほんの一言でも毎日全員と言葉を交わす。ふり返りジャーナルのような一人ひとりとつながるノートも実践している。あまり意識していなかったけれど、ああ自分は大切にしてもらえてるんだ、と実感してうれしかった「あの感じ」が自分のなかに核として残っているからなのかもしれない。さまざまな体験がいまの自分をつくっているので、ある意味当然かもしれないけれど、意外と忘れているものだ。

　タイムスリップをして、自分がかつて見ていたもの、体験したこと、そしてそこから感じていたことや思いをていねいに言葉にしてみる。
　その体験をいまの自分に引き寄せてみたり、いまの自分のやっていることとくらべてみたりする。
　そこから見えてくることを、あらためて「せんせいってなに？」を考える入り口にしたいと思う。

ワーク 3

子どものころ、好きだった・キライだった先生

自分の子どものころを思い出してみます。

印象に残っている先生はいますか？　自分が好きだった先生のどんな部分が好きだったのか、それは、おとなになった自分からながめてどんな感じがするのか？　いまの自分はその好きだった部分とどう似ているか、どう異なっているか。それはいまの自分にとって、どんな意味があるのでしょうか？

このワークを思い出話として楽しみながら、いまの「わたし」を考える入り口にします。

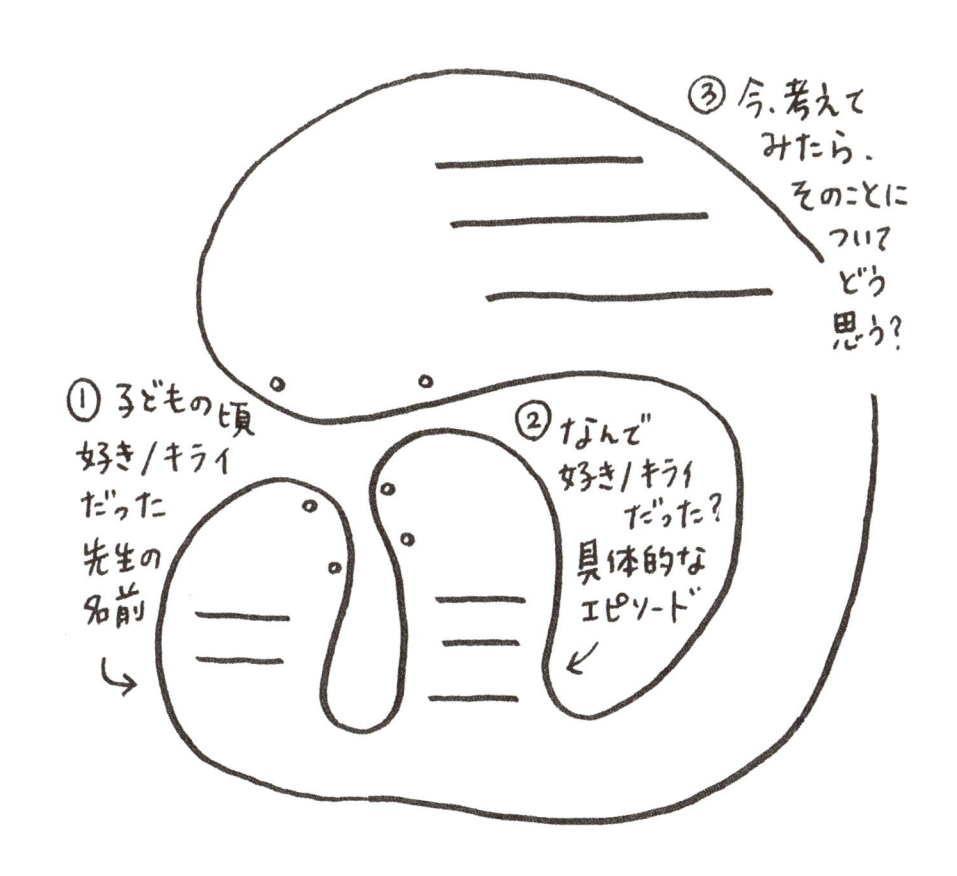

③ 今、考えてみたら、そのことについてどう思う？

① 子どもの頃好き/キライだった先生の名前

② なんで好き/キライだった？ 具体的なエピソード

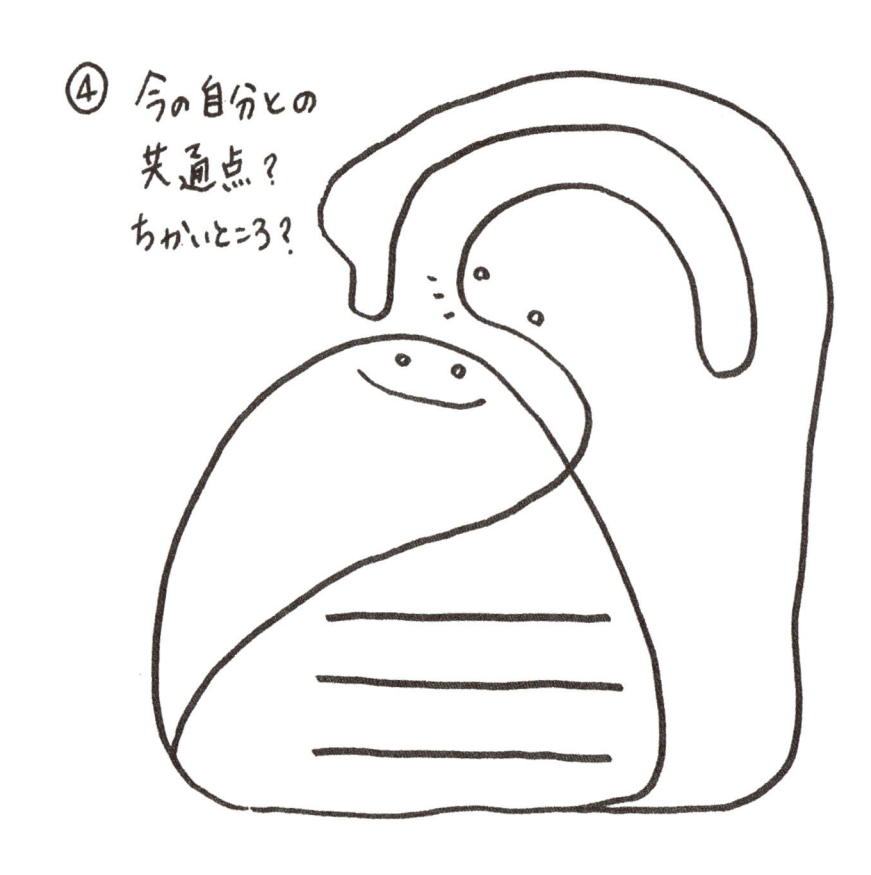

④ 今の自分との
　共通点？
　ちがいところ？

例

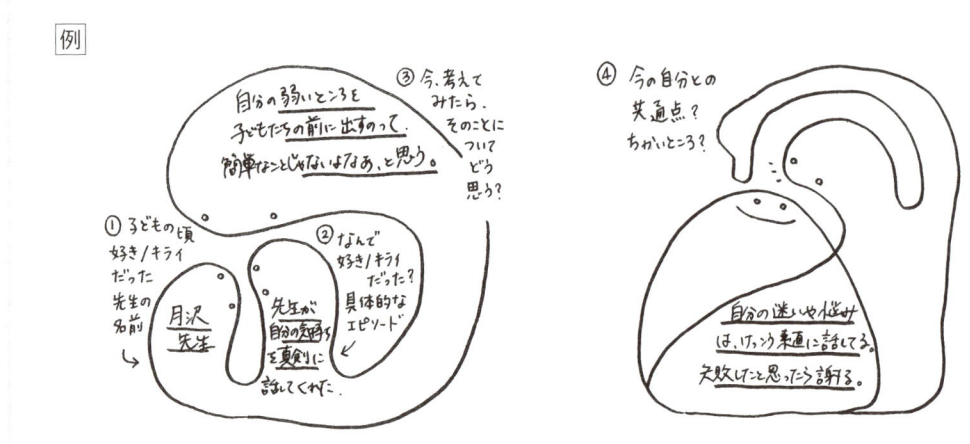

③ 今、考えて
　みたら、
　そのことに
　ついて
　どう
　思う？

自分の弱いところを
子どもたちの前に出すのって
簡単なことじゃないよなぁ、と思う。

① 子どもの頃
　好き/キライ
　だった
　先生の
　名前
　　月沢
　　先生

② なんで
　好き/キライ
　だった？
　具体的な
　エピソード

先生が
自分の定期を
裏側に
話してくれた。

④ 今の自分との
　共通点？
　ちがいところ？

自分の迷いや悩みも
ほぼ、そのまま素直に話してる。
失敗したと思ったら謝る。

20

「教室にいるわたし」はどんな自分？

　なんともあたりまえなのですが、むかしのぼくの延長線上に、いまのぼくはいます。もちろん、変わったところもたくさんあるし、変わってないなあと反省することもしばしば……。小さいころの体験を思い出してみると、もしかしたらいまの自分のなにかにつながるピースがあるかもしれないと思って、先のワークを考えてみました。そうやって、時間の経過のなかで自分自身について考えてみた後、今度は、いまのぼくのなかにいるいろいろな自分について考えてみたいと思います。

　ぼくはむかしから、見られる自分をとても意識する人でした。周りが思う自分と、ぼくが思う自分がどうにも離れているようで、人にほめられたりすると「そんなことないのに……」となぜか落ち込んだりしていたことをおぼえています。さらに「優しいね」なんてといわれると、自分がウソツキのような気になって、優しくない自分に、いい人ぶりやがって！　と怒りがわいたものです。
　いま、優しい自分、優しくない自分と分けられるものではなく、ぼくのなかにはいろいろな自分がいて、その見え方もいろいろなのだなあと思えるのですが、そのころはぼくのなかにいるいろいろな自分も、みんなが思っている自分も、自分で見せている自分も、どれもがでこぼこで、アンバランスでした。たくさんの自分がいろいろな方向に心を引っ張り合っているような感じ。
　いろいろな自分はどこかつながっているんだなあと思うときもあるのだけれど、やっぱりいまでもぼくのなかにはたくさんの自分がいます。そのなかのひとりが、仕事をしているときのぼくです。

　ぼくの仕事はPAの「ファシリテーター」とよばれています。「ファシリテーション」というスキルを使って人と関わるという存在です。
　ファシリテーションという言葉はいまや、いろいろな分野の人がいろいろな適応範囲のなかで使っている言葉なので、ここでその体系を説明することはしませんが、ファシリテート（促進する）という言葉が表すように、その人（たち）自身が自分で考え、気づいたり学んだりすることを手伝うためのスキルです。授業や子どもたちとの関わりの道具として、先生にもファシリテーションのスキルをお伝えしたいと思っていますが、今回はその手前の話です。

子どもたちのまえに立つぼくのなかには「ファシリテーターとしてのわたし」と「自分自身としてのわたし」が重なり合っています。「自分自身としてのわたし」ってちょっとわかりにくいのですが、ぼくが知っているぼく、自分の感情にいちばん近いぼく、という感じでしょうか。
　この二人は、ほとんど重なっているときもあれば、ちょっと離れてお互いを見ているときもあります。その重なりの具合は、目の前にいる人との関係であったり、自分の感情であったり、いろいろなものに影響を受けて、その時どきで違っているような気がします。
　しかし少しまえまでは、落ち着いた顔をして「そのときそのときでちがっているような気がします」なんていえませんでした。

　PAのファシリテーターという仕事をはじめて、1年と少しが経ったころのことです。プログラムにもだんだん慣れてきて、まえほど不安になったり緊張したりせずに、子どもたちのまえに立つことができるようになっていました。
　ファシリテーターという仕事がどんなものか少しだけわかってきたような気がして、「ファシリテーターとしてのわたし」はちょっと自信をつけていました。そのうちに、「なかなかうまくいったなあ」と思えるプログラムが増え、子どもたちの表情からもそのことが伝わってくるようになりました。そうなると「子どもたちも先生も満足してくれて、プログラムが楽しくてしかたない！」という時期だと思いきや、そうは思えなかったのです。
　なぜだかわからないのですが、すっきりしない感じ。とくに、「いいプログラムでしたね」なんていわれたりすると、余計にモヤモヤしてしまう。小さな違和感はじわじわと広がっていくのに、プログラムで子どもたちのまえに立っているぼくの口からは、よどみなく言葉が流れ出していきます。
　そして、あるとき思ったのです。そのよどみのなさが、いま感じている違和感と関係があるんじゃないか。いま、ぼくの口から出ている言葉は、ぼくの言葉なんだろうか。

　そう思ってからは、モヤモヤする気持ち、自分への違和感は大きくなっていきました。いろいろなプログラムを経験したし、ファシ

リテーションはうまくなったはず。でも、その経験のなかでおぼえてきた言葉の定型みたいなもので話をしているんじゃないだろうか。

　ふりかえりで問いかけるときも、課題に取り組んでいる子どもたちを励ますときも、最後にみんなにかける応援のメッセージも、自分のなかにあるストックフレーズの組み合わせで話しているように思えてしまうのです。

　「ファシリテーターとしてのわたし」が上手になることで、「自分自身としてのわたし」からどんどん離れていっているようで不安でした。「自分自身としてのわたし」からの、その場のための一回きりの言葉で話していないじゃないか！　なんて、憤ったりして……。

　そのときのぼくには、「ファシリテーターとはこうあるべし！」というちょっとした思い込みがありました。しかも、良いのか悪いのか、経験を積むなかで「こうあるべし！」というファシリテーターのようなふるまいができるようになってきていました。でも、「自分自身としてのわたし」はちょっと置いてけぼりでした。そのことに、どこかで気づいていながらも、「ファシリテーターとしてのわたし」としてあるべきふるまいや、かけるべき言葉、というものから離れられなかったのだと思います。そのことが、「ファシリテーターとしてのわたし」と「自分自身としてのわたし」の小さなずれを、どんどんふくらませていきました。

　「こうあるべし！」という思い込みが二つの自分の間に壁をつくって、お互いを見えないようにしていたのだと思います。あるべき自分とちがっている自分を見ているのは、イライラするし、不安だし、苦しいからです。

　ぼくは、二つの自分が重なり合っている部分で仕事をしたいし、そういう部分を強みに目の前の人と関わっていたいと思っています。でも「重なっていないといけない」と思ってしまうと苦しくなります。

　いまのぼくは、二つの自分の関係について、こんなふうに考えています。

　ファシリテーターとして参加者のまえに立っているのだから、ぼくは「ファシリテーターとしてのわたし」を見られています。そういう意味で、「ファシリテーターとしてのわたし」は主旋律（メロディ）です。「自分自身としてのわたし」はいわば、伴奏です。伴奏の多くは、和音でつくられます。ぼくのなかにいるいろいろな自分の重なり、いろいろな感情の重なりが、メロディである「ファシリテーターとしてのわたし」を支えています。聴く人の耳に残るのはメロディですが、意識していないだけで伴奏も聴こえていて、そのまるごとが人の心を動かす音楽をつくるのです。

　「ファシリテーターとしてのわたし」はいつも「自分自身としてのわたし」の声を聞こうとしています。「自分自身としてのわたし」がどんなふうに感じていて、なににひっかかっているか

にたいして、とても敏感です。それを無視してしまうと、どこかで「ファシリテーターとしてのわたし」はリズムに乗れなかったり、ちぐはぐになってしまったり、大切なことに気づけなかったりします。

　二つの自分がお互いのままで重なり合っていて、そのことに無理がなく自然でいられるときに、「きょうはなんだか気持ちよかったなあ。いいプログラムになったかもしれないなあ」と思えるような気がします。

　みなさんのなかには、どんな「先生としてのわたし」がいますか？
　子どものときに出会ってきた先生、一般的な先生のイメージ、同僚として出会った先生、学校の外でのいろいろな出会い、そんなたくさんのことに影響を受けて、「先生としてのわたし」ができ上がっているのだと思います。
　「自分自身としてのわたし」ってどんな人ですか？　自分のことを考えると、よくわからないことばかりです。こんな自分のときもあれば、あんな自分のときもあって、いる場所やみる人によってもちがうようです。ぼくのなかには相変わらずいろいろな自分がいて、それはつながっていたり、つながっていなかったり、その時どきでバランスが変わったりします。
　「ファシリテーターとしてのわたし」と「自分自身としてのわたし」も同じように、いろいろなバランスのなかで重なり合っています。そしてそれは、はじめに書いたように、目のまえにいる人との関係や、そのときの自分の感情によって、いつもちがっています。

　先生にとっても、二つの自分のどこがつながっていて、どんなバランスのなかで教室にいるのだろうと考えてみると、けっこうおもしろいのではないかと思うのです。そのように考えるなかで、「先生としてのわたし」に引っ張られすぎて、こんなときはこうしなければならないと思い込んでいることに気づくかもしれません。もしかしたら、「自分のこんなところ（よい部分）って、教室ではあんまり出ていないかもなあ」と思うこともあるかもしれません。

　教室にいるとき、「先生としてのわたし」と「自分自身としてのわたし」は、どんなバランスのなかにいますか。その間には、「先生としてこうあるべし！」という思いこみの壁はありますか。

ワーク 4

先生としての「わたし」と「わたし」自身

　先生としての「わたし」と自分自身としての「わたし」はどんなふうに向きあっていたり、重なりあっていたり、または距離をおいていたりするのでしょう。このワークではカードを使って、その関係性について感じたり、考えたりします。

① 先生としての「わたし」と、自分自身としての「わたし」の関係について近いイメージのカード（次ページ）を1枚選んでください。選んだカードの番号を下記に書いてください。

② なぜそのカードを選びましたか？　選んだカードについて、どんなイメージなのか、説明してください。

③ いまのこの状態はあなたにとって心地がよい状態ですか？　それともそうではありませんか？　それはなぜですか？

26

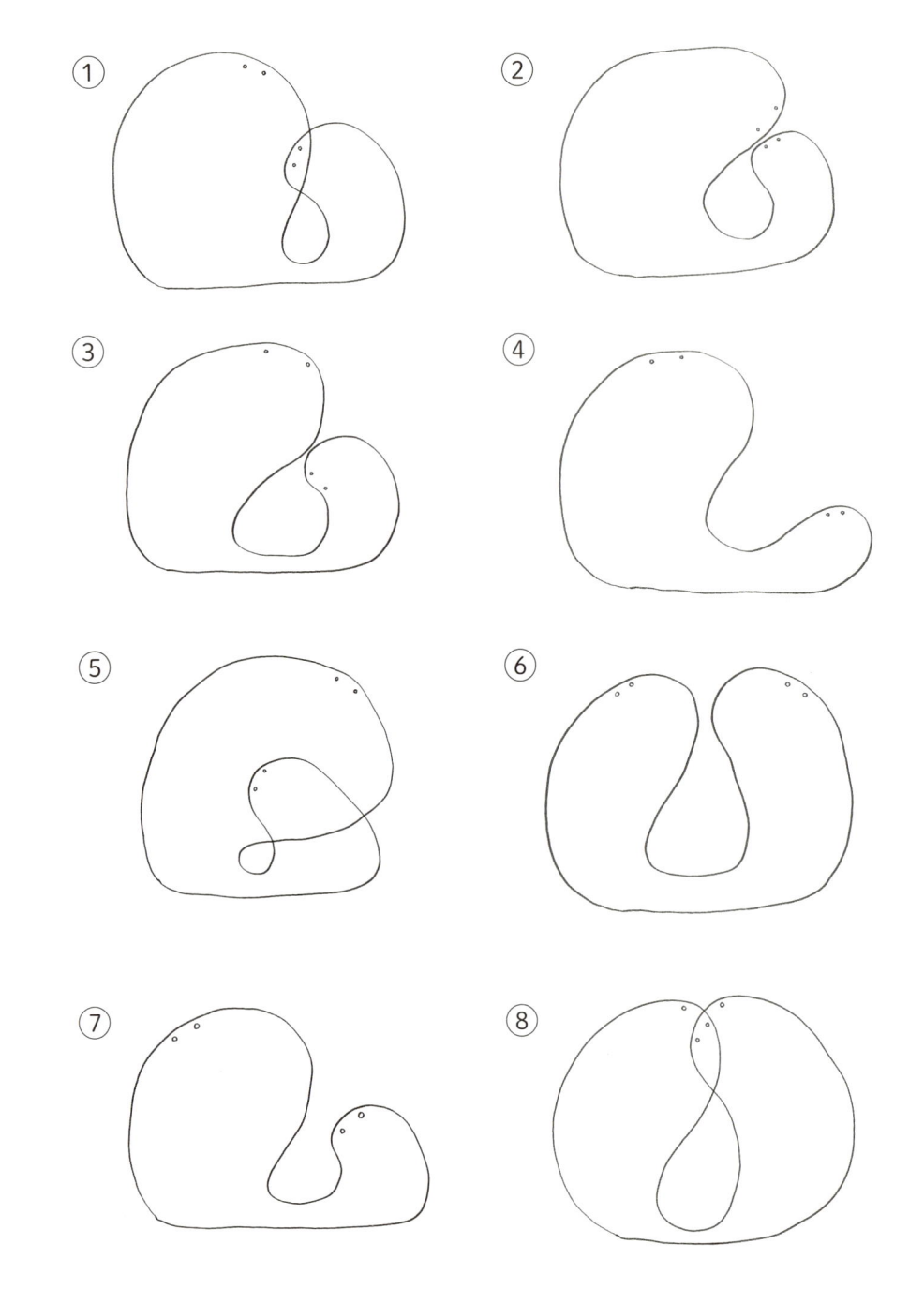

第 2 章　先生としての「わたし」、自分自身としての「わたし」

④ そのカードの関係を変えていきたいとしたら、どのように変えていきたいですか？
言葉で説明しても、新しいカードを選んでもかまいません。また、二つの関係が変わることは、あなたにとってどんな影響がありそうですか？

[　　　　　　　　　　　　　　　　　　　　　　　　　　　　　　　　　　　　　]

ふりかえり

　先生としての「わたし」と自分自身としての「わたし」について、そしてその関係を選んだイラストをながめて、じっくりとふりかえってみてください。二つの重なりの具合、大きさと形、目の位置（目線）など、シンプルなイラストのなかに、たくさんの情報が含まれているはずです。

　教室にいる「わたし」のことを考える目線として、仕事や役割など社会的な存在である先生としての「わたし」と、自分自身としての「わたし」の二つの面から見つめてみると、見えるものがあるかもしれません。

　そこから見えるものは、思っている以上に先生としての役割を担っている「わたし」や、教室にいるほうが自由で自分らしくいられる「わたし」、じつはこんな先生でありたいという姿を一生懸命追いかけている「わたし」かもしれません。

　自分のことを知るということは、人と関わる仕事をするうえで大切なちからです。このワークを、自分を知る一つの手がかりにしてみてください。

わたしの、せんせいの仕事

ここまで「せんせいとしてのわたし」を考える材料を集めてきた。
この章では、ボクが考える、「わたしの、せんせいの仕事」を書いてみたいと思う。

19ページで、好きだった先生、キライだった先生のワークをした。
　ボクたちのなかには知らず知らずのうちに「モデル」が存在しているのかもしれない。「〇〇先生みたいになりたい！」のような明確なモデルをもっている人もいるだろう。

モデルがあると、がんばる方向、学ぶ方向が定まってくる。
成長すべき方向性が見えやすくなる。
だから、よいモデルを知っていることは、けっこう大切。
モデルを知っていると、それが評価の指標にもなって、いまの自分もメタに見えやすくなる。

でもそれは「モデルと同じになることを目指す」ということではない。
ボクも時どき「どうやったら岩瀬さんみたいになれますか？」と聞かれて、戸惑うことがある。
だって、あなたはボクにはなれないし、ボクはあなたにはなれない。
まえからいまのボクだったわけではないし、これから先も変わっていくだろう。

ボクにも何人もモデルがいた。
〇〇みたいになりたい！　と目指していた具体的なモデルも一時期いた。
よくよく観察して、技術をまねた。話し方まで似ていた時期もあった。
やれるようになったこともある。でもどんなにがんばってもその人にはなれなかった。
考えてみればあたりまえだ。どんなに技術をまねたって、その人にはなれない。
ボクはボクであるというあたりまえのことに気づいたのだった。

「そのモデルと同じになりたい！」を超えて、あの先生のあの部分はいいなあ、とかあの考え方はなるほどなあと思う、というように学びの対象の一つ、ぐらいに考えてるといいんだと思う。モデルを対象化する、とでもいおうか。

「わたしたちは『だれか』にはなれない」

| 第2章 | 先生としての「わたし」、自分自身としての「わたし」

「わたしはわたしとして、どんな先生になりたいのか」
「わたしはわたしとして、なにをめざすのか」
「わたしはわたしとして、どんな一歩を踏み出すのか」

そこが出発点だと、思う。

先生はプロの仕事だから、さまざまな技術やスキルを身につける必要がある。でも、そのまえに考えたいことがある。どんな技術やスキルも、「なんのためにつかうか」がその価値を規定するし、「だれがつかうか」もとても重要な要素だ、とボクは思う。

そのために、まずは、それを使う「わたし」について、じっくり見つめてみる必要がある。
自分のことって、わかっているようで意外にわかっていないことってあるものだ。たとえば以下のような問いに答えてみると、ちょっと見えてくるかもしれない。

「わたしはなにを大切にしているのか」
「わたしはなにが好きか」
「わたしはなにをしたいと思っているのか」
「わたしはしあわせか。わたしはなにをしあわせと感じるか」
「わたしは、どんなふうに暮らしているか」
「わたしはだれか」

それはもはや先生として、というより一人の人として。一人の市民として。まずは、「わたし」とは？という自分を知ることが大事なんだ、と思う。

それはけっしてすばらしい人であらねば、ということではない。
わたしはわたしを知っていて、そんなわたしを「なかなか悪くないな」って思えてるかってことなんだろう。

いっぽう、わたしは、わたしのまま、素の状態で先生として立つわけではない。
そこに、プロとしての「大切なこと」がある、と思う。
たとえばなんだろう？　ここでも問いにしてみよう。

「なぜ先生になったのか」

「なんのために先生になったのか」
「先生としてのミッションはなにか」
「自分の理想の先生像をどう描いているか」
「学習や、人の成長をどう考えているか」
「めざす教育、めざす先生像は？」
「めざす社会は？」

　プロとして、仕事としての根っこ。
　わたしとしての根っこと、仕事として、プロとしての根っこに重なりはあっただろうか？
　重なる部分と、重ならない部分があったかもしれない。
　しかし、まったくのイコールではないけれど、それは積集合のように共通しているところがあるはず。

　その共通部分が大きければ大きいほど、楽なのかもしれない。いや、きっとこの根っこは育てていけるんだと思う。だから共通部分は徐々に大きくなっていく、というイメージだろうか。

　いずれにしても、まずはこの二つをていねいに見つめてみること。言葉にしてみること。
　そして磨きつづけることが、なんというか、先生としての出発点だ、とボクは考えている。

　では、その根っこはどうやって育てていくんだろう？

　たとえば、学ぶことや読むことがけっこう好きだったとする。そんな「わたしの根っこ」をいかして、いろいろ本を読んだり、研修に参加しているうちに、少し授業が上手になったり、子どもとの関係がよくなったり、ちょっとしたゲームをうまく進められるようになったり、と「自分の成長」みたいなものが感じられる瞬間がある。
　いっぽう、先生としてのミッションを、「子どもたちが成長すること」「一人ひとりが自分の可能性に自信をもつこと」と考えているとする。
　そうすると、そんなプロとしての根っこの部分、「自分の可能性に自信をもつこと」と、わたしの根っこの部分での「わたしの成長」が重なり合って、「人は変わっていける。なぜならわたしは強みを活かして成長している最中だから」という自分の大きな根っこになっていく。これから先も、子どもたちのクラスでの成長を感じたり、自分自身の成長を感じることで、この根っこはより大きく育っていくだろう。

内省的な性格なのが「わたしの根っこ」ということもあるだろう。
　ついついくよくよ考えてしまう。何度も何度も思い出してしまう。自分の「めんどくささ」だと思ってしまいがちだ。でもそれは仕事のほうから光を当ててみると、プロとしての根っこにすることもできる。きょう一日のことをていねいに内省して、「きょうのことを明日にどう活かしていこう」という習慣にしてしまえば、これは立派なプロとしての根っこだ。

　人によっては、こんなこともあるだろう。
　理想の先生像として、「いつも安定的で笑顔でいられる、安心感のある先生になりたい」と思っていた、としよう。それはプロとしての根っこ、だ。いっぽう「わたし」は、感情が豊かで、思ったことが顔に出やすい。それは強みでもある。ドラマを見てすぐ泣いちゃうタイプだったりする。
　ただ、教室ではそれではうまくないときもある。そのときどきの出来事への反応が顔に出てしまい、「先生顔がこわいです」なんていわれるときもある。（若いころのボク）。感情がそのまま出てしまわないようにしたいなあと思う。先生としての自分に置き換えて考えてみれば、校長先生にはやはり安定的でいつも笑顔でいてほしい。
　そこで、「わたし」は教室でいつでも笑顔でいるため、安定的でいるために練習する。試行錯誤する。変化はほんのちょっとずつかもしれないけれど、でも確実に「プロとしての根っこ」として成長していく。
　「先生、最近いつもニコニコしているね！」なんて子どもからのフィードバックで、自信になることもあるかもしれない。そう、「わたしの根っこ」と「プロとしての根っこ」が少しずれていたって、なんとかなるんだ。

　こんなふうに根っこを意識して、根っこを育てていくこと。それが先生という仕事の大切な部分だ、とボクは考えている。と同時に「やり方」を磨いていく。そうすると少しずつその「やり方」が自分のものになっていくのではないだろうか？

　もう一つ、とても大切だと考えていること。
　それは学校という一つのコミュニティだけではなく、いくつかのコミュニティに所属している自分である、ということだ。

　たとえば職場、家族、サークル、趣味、地域、研究会、NPO。いくつものコミュニティに所属していて、それぞれいろんな「自分」がある。その共通部分としての自分。
　それによって、自分にバランスがとれていく。

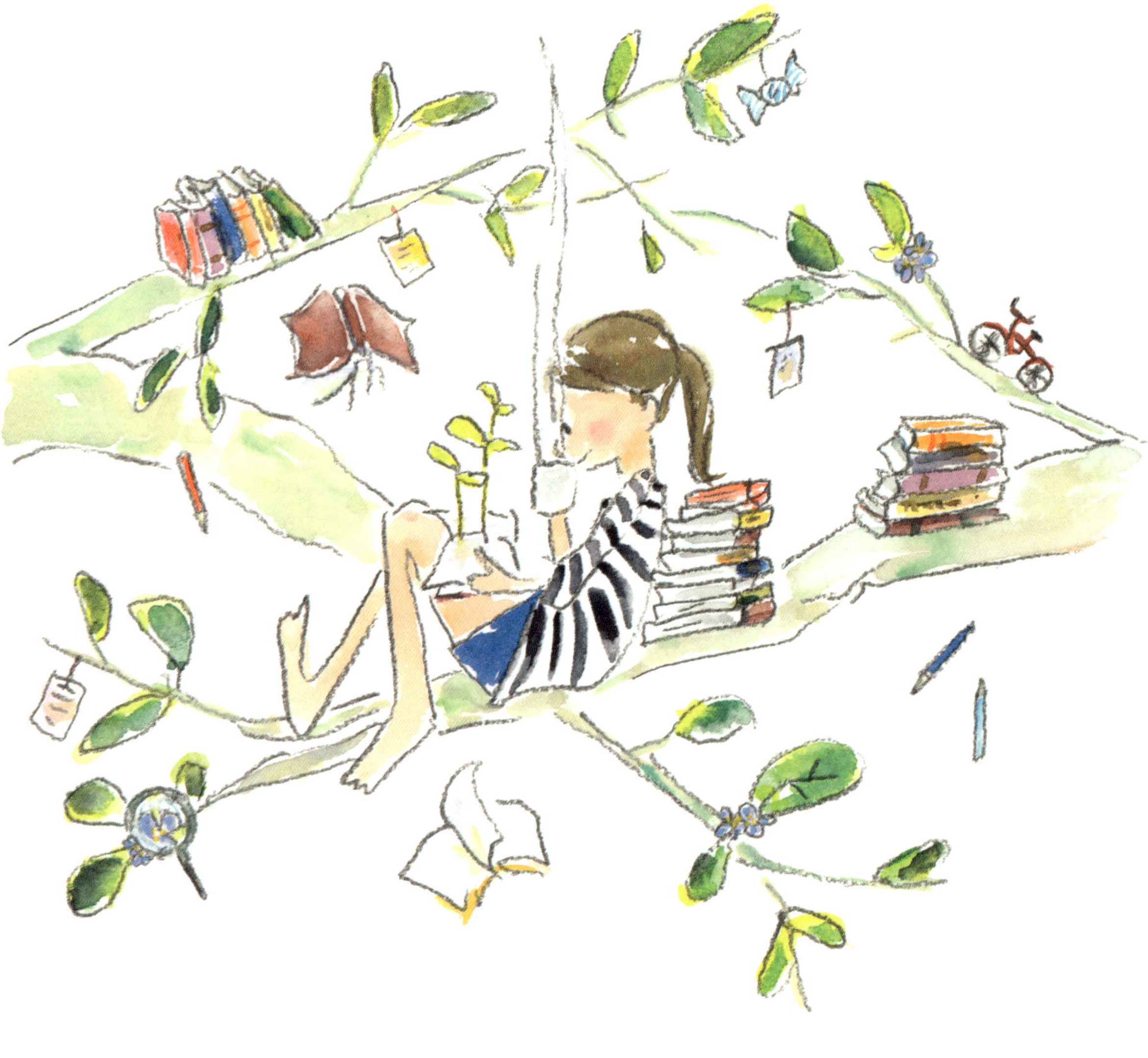

第2章　先生としての「わたし」、自分自身としての「わたし」

　わたしの根っこが磨かれていく。

　学校の先生になるということは、6歳からずっと学校社会にいて大学卒業まで16年。もしそのまま先生になったとしたら、ずっと学校のなかにいることになる。だからこそ、意識して外のコミュニティに所属してみるといいなあと思う。外から学校や先生の仕事を眺めてみることで、なかにいると見えなかったことが見えてくる。

　こんなふうに、言葉にしてしまうのは簡単だ。
　根っこを育てようと思っても、思うようにいかないこともあるし、やり方に徹底的にこだわっているうちに、気がついたら根っこができていた！　みたいなこともあるだろう。
　頭ではわかっているのにやれなくて、自己嫌悪に陥る、なんてこともよくあることだ。
　すごく進んだなーと思ったら、あっという間に逆戻りしたりして、不安になることも多い。

　でも、そんなものなんだと思う。成長の途中はそういう不安定さを内包している、ということは知っておいていい。教室の子どもたちを見ていても、一直線に成長していく、なんてことはほとんどない。進んだり戻ったり、止まってしまったり、そんなことを繰り返しながら、でも長い目で見れば確実にまえに進んでいる。

　ボクたちだって同じだ。そんなまっすぐ進めるわけないんだ。

　ボクたちは「やれてないこと」「課題」にフォーカスしがちだ。
　でも、丁寧に日常を振り返ってみると、うまくやれていること、うまくやれている瞬間、みたいなことは絶対にある。そんな小さな「種」を丁寧に育てていこう。

　それでも成長の途中は不安定で、不安だから、そんなものだ、といい意味であきらめて、そのうえで軽やかに踊る、ぐらいの強さをもっていたいと思う。

ワーク5

先生の「しごと」としてやっていること

　自分のことをふりかえってみるときに、「何を考えているのだろう?」「どんなことを大切にしているのだろう?」と頭のなかで思いをめぐらしても、なかなか言葉にならないことがあります。そんなときに、自分の行動——どんなふうにふるまっているのだろう——を入口にすると、みえてくるものがあるのではないでしょうか。

　先生の「しごと」とは、教室にいるわたしの、ふるまいのことです。教室でのふるまいのすべては、先生としての「しごと」になるのだと考えています。しかし、たんに職業としてこなす「仕事」とはちがって、そこには「わたし」という一人の人間の存在があります。

　先生の「しごと」を考えることで、選んでやっていること、しかたなくやっていること、ついついやってしまっていることが見えてくるはずです。このように行動を入口にして、自分が大切にしていることや「こうしたい」と思っていることについて考えてみましょう。

① 先生の「しごと」として、いま、やっていることを一覧(次ページ)から三つ選び、その割合(%)を下記のグラフに書き入れてください。

　＊あてはまる言葉がない場合は、一覧のなかにある空欄に書き込んでください。

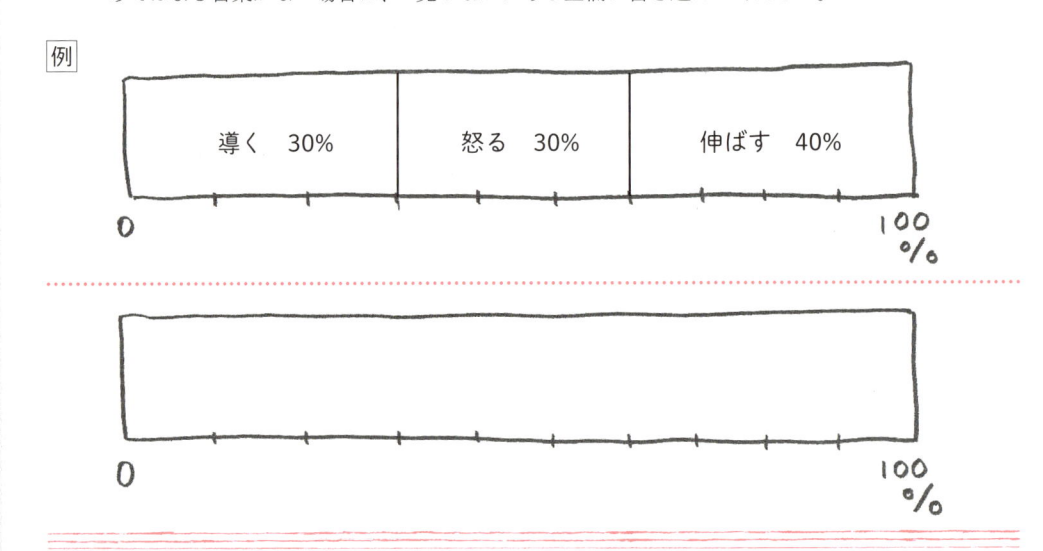

例

| 導く　30% | 怒る　30% | 伸ばす　40% |

0 ─────────────── 100%

0 ─────────────── 100%

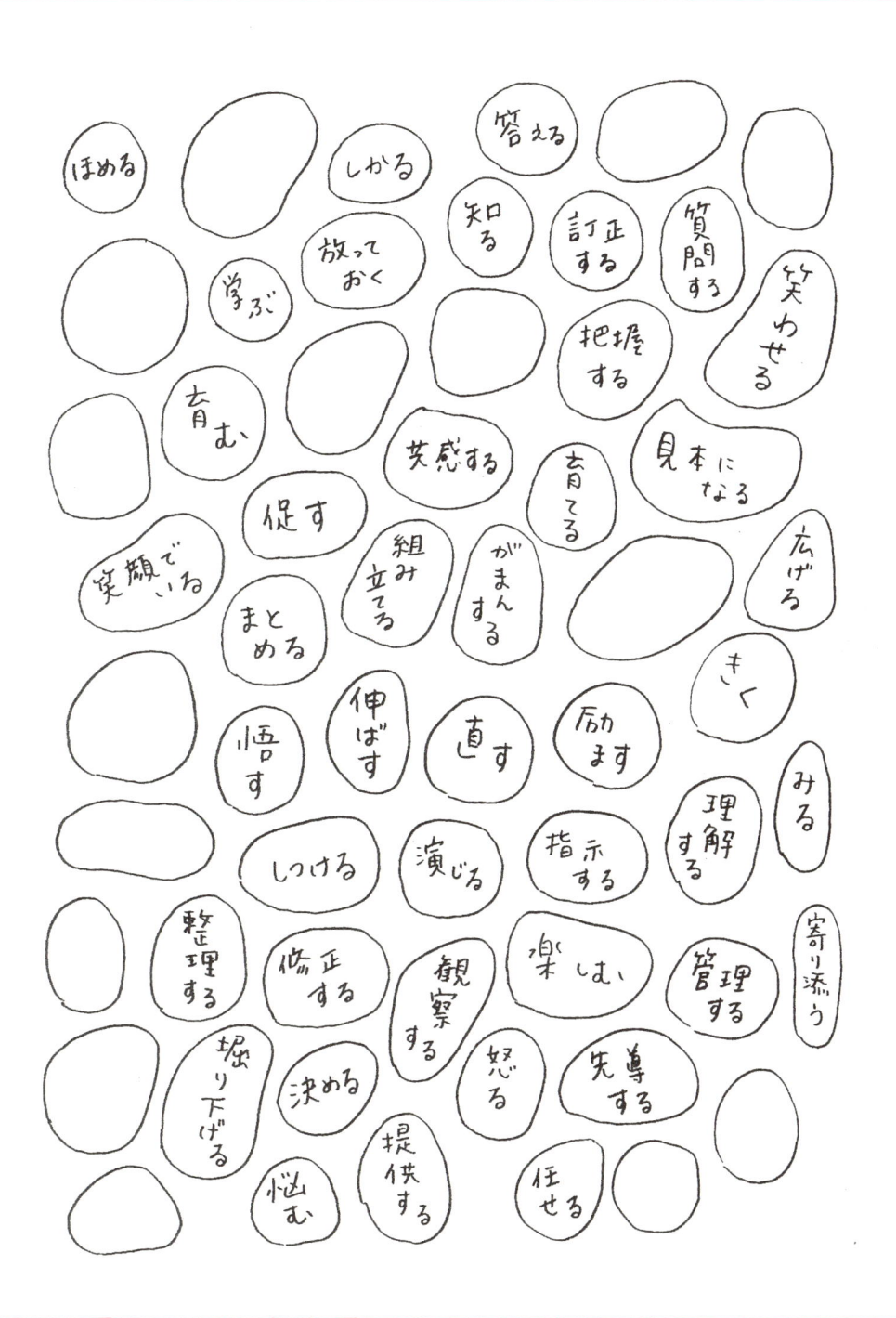

第 2 章　先生としての「わたし」、自分自身としての「わたし」

ほめる　しかる　答える　学ぶ　放っておく　知る　訂正する　質問する　把握する　笑わせる　育む　共感する　育てる　見本になる　促す　組み立てる　がまんする　笑顔でいる　まとめる　広げる　きく　悟す　伸ばす　直す　励ます　みる　しつける　演じる　指示する　理解する　整理する　修正する　観察する　楽しむ　管理する　寄り添う　掘り下げる　決める　怒る　先導する　悩む　提供する　任せる

② それぞれの「しごと」や書き込んだ割合ついて、くわしく説明してください。

[
]

③ その割合に満足（納得）／不満足だとしたらそれはなぜですか？

[
]

④ いまやっていることの割合を変えるとしたら、どのように変えたいですか？　そのときに、言葉を一つだけ変えてもかまいません。「こういう『しごと』がしたいなあ」と思う割合に、変えてみてください。
　①で選んだ言葉の割合（％）を変えたい場合は、下のグラフに書きいれてください。

```
┌─────────────────────────────┐
│                             │
│                             │
└─┬───┬───┬───┬───┬───┬───┬───┤
  0                         100
                              ％
```

⑤ その割合に変えたいなあと思う理由は何ですか？

[
]

⑥ （言葉を変えた場合）どの言葉をどの言葉にかえましたか？　それはなぜですか。

[
]

ふりかえり

　いまの自分の「先生のしごと」と、こうありたい「先生のしごと」を考えてみて、どんなことを感じていますか。

　大切だからやっていること。大切にしているわけではないけれど、やっていること。大切だと思っているけれどやれていないこと。

　三つのしごとはどれにあてはまりそうですか。

　三つのしごとは、どこまでが「先生」としてやっていることでしょうか。

　明日教室に入ったとき、ちょっとだけ「こうありたい三つの仕事とその割合」を思い出してみてください。

応用例

＊先生の仕事としてではなく自分自身として大切にしていることを三つ選ぶとしたら？
＊場の設定を変えたら？（職員室では……など）
＊子どもたちに「こんな先生のクラスにいたい」を三つ選んでもらうのもいいですね。

第 3 章
「これでいいのかな」と 考えはじめた「わたし」へ

意図やコントロールの外側で起こること

　PAのファシリテーターをはじめてしばらくして、こんなことがありました。やんちゃな男の子がいる高校生のグループを受けもったときのことです。その男の子数名は、はじめから活動に乗り気ではなく、しぶしぶやっているという態度をかくしませんでした。ぼくは、なんとか活動に引き込みたい、ほかのメンバーと打ち解けられるような時間にしたいとがんばったのですが、なかなか思うようにはいきません。次第にぼくには心を開いてくれましたが、同じグループの女の子やおとなしい男の子たちと打ち解けるまでには、あと2歩3歩というところで終了の時間を迎えてしまいました。

　「思ったようにいかなかったなあ。どうしたらあいつらはほかの子たちと関わってくれたんだろう」などと考えていると、グループの一人の女の子がみんなの輪を離れ、ぼくのところに戻ってきました。そして、「わたし、中学生のとき、学校に行けなかったんです。でも、高校ではなんだかやれそうな気がしました」と話してくれたのです。

　正直に言うとぼくは、やんちゃな男の子に目を奪われ、その子たちとほかの子たちをどう関わらせるか、ということばかり考えていました。そして、その女の子がすごく緊張してきょうの日を迎えていたことも、1日のなかでその緊張感がゆるやかにほどけていったことも、まったく気がつきませんでした。もし、「やんちゃ男子を関わらせたい！」という意図をちょっとだけ横に置いてみんなのことを見ていられたら、その女の子の変化を感じ取れていたのかもしれません。

　ぼくたちには、やりたいこと、伝えたいこと、学んでほしいことがたくさんあります。そういう意図をもって子どもたちと関わります。はじめのころは意図をもって関わってもそのとおりにはいかず、どうしたらうまくいくんだろうと悩みます。経験を積んでいくとだんだん、自分の意図や想像の枠のなかでものごとが起こってくるようになるかもしれません。そうすると、

思った通りの成果が出たり思った通りの学びにつながったりして、うれしくなったり自信をもてたりします。
　同時に、やらせたい、わからせたい、学ばせたいという気持ちもむくむくとわき起こってきます。そういう気持ちが強くなりすぎると、意図通りにコントロールしたくなるし、自分の思ったようにならない状況があるとイライラしてしまいます。

　「こういうことを目指したい」という意図と、「こんなふうにさせたい」というコントロールしたい気持ちは、似ているところと少し違うところがあって、そのどちらもがぼくのなかにあります。そしてたいてい、意図やコントロールの外側で、とっておきの出来事が起こるのです。

　そう思うようになったのは、体験学習を知って、そのなかにどっぷりつかってきたからのような気がします。PAも、体験学習であることを大切にしています。ぼくはなぜ「体験をもとに学ぶ」ということが好きなのだろうと考えるときにいつも思い出す、二つのキャンプでの出来事があります。

　一つ目のキャンプは、初めてグループを受けもった日帰りのキャンプです。
　体験学習や野外教育と出会ったばかりで、ただ子どもたちと遊ぶのって楽しいなあと参加した、お気楽な大学生1年生でした。
　そんなぼくのグループには、会場に着いてもお母さんのもとから離れず、泣き続けている女の子がいました。お母さんが帰った後も泣きやまないばかりか、ひと言も話をしてくれません。
　経験も技もないただの子ども好き大学生にできることは何もなく、ただおろおろと「大丈夫だよー」と繰り返すばかり。メインプログラムの山登りがはじまっても、うつむいてひと言も話さない女の子に、ほとほと困ってしまいました。
　そんな中、グループの子どもたちはしきりに声をかけたり、摘んできた野いちごをプレゼントしたり、あれやこれやと関わっています。ぼくにできることは、ただ見守っていることだけ。無力感でいっぱいのぼくには、グループの子どもたちと一緒にいる以外に方法はありませんでした。
　山登りから帰って解散までの間、少しだけグループで集まって話ができる時間がありました。ぼくはひと言だけ、「みんな、きょう1日どうだった？」とたずねました。
　すると、あのお母さんから離れられずに、はじめはひと言も話してくれなかった女の子が、真っ先に手を挙げて、「まだ帰りたくないです」と言ったのです。
　ただおろおろすることしかできないぼくを置いて、子どもたちは勝手に心を通わせ合い、勝手に印象深い時間をつくりました。ショックではありましたが、子どもたちはなんて力をも

ているんだ、自然は、体験というのはなんて力をもっているんだ、とからだに刻み込まれるような出来事でした。

　もう一つのキャンプは、初めて大学生の仲間と企画した一泊二日のキャンプです。
　衝撃的な初めてのキャンプ以降、「子どもたちってすごい。キャンプってすごい！」と、この分野にのめり込み、いろいろな本を読んだり、少しずつ実践をしたりして、ぼくのなかにはやりたいことがあふれていました。「あのときの何もできない自分がやっても、子どもたちはあんなにいい体験ができたんだ。あれから成長した自分なら、もっともっといい時間をつくれるはずだ！」という気持ちだったのだと思います。
　キャンプのメインプログラムは、ブルーシートとロープを使って自分たちのテントをつくり、そこで一泊するというもの。その場所でご飯もつくるので、そんなに時間の余裕はありません。しかし、ぼくにはやりたいことがたくさんあります。仲間づくりのアクティビティをして、ふりかえりをして、テントづくりは一人ずつ設計図を書かせて、それをもとに話し合ったらコミュニケーションのトレーニングにもなるぞ、よしよし……。

　結果、グループはぐちゃぐちゃになりました。初めて出会ったグループの子どもたちは男女を意識するような子が多く、はじめから軽い抵抗がみえていたのに、急に仲間づくりのアクティビティで手をつながせて余計に溝が深まってしまいました。テントづくりでは設計図を書いてそれぞれの理想が広がったのですが、それを擦り合わせる時間も関係性もなく、その合意形成を手伝う力もぼくにはありませんでした。
　男女の仲は徐々に険悪になり、「もう、テントも別々につくる！」というありさま。夜中、屋根もないスカスカの男の子テントと、きれいに整った女の子テントの間で、申しわけなさと悔しさで涙が止まらなかったことをおぼえています。
　「いろんなことを知って、できることも増えたのに……」
　初めてのキャンプとはくらべものにならない、つらい出来事でした。

　何にもできなかったのに、素晴らしい体験になったキャンプ。
　できることが増えたのに、まったくうまくいかずつらい体験になったキャンプ。

　ぼくにとってこの二つのキャンプが、「体験をもとに学ぶ」ということの、原体験です。
　それからいままで、同じようなことをたくさん経験しているような気がします。やりたいこと、やらせたいことがうまくいったり、その気持ちが大きくなりすぎて失敗することもありました。やりたいこと、やらせたいことにしばられなくなった途端おもしろいことが起こること

もあります。二つのキャンプのころからくらべると、ぼくはとても変わったし、経験も積んできたけれど、そこで感じたことはあまり変わらずにぼくの根っこにあります。

それは、「おもしろいことって自分の想像の外側で起こるんだ」ということです。

体験学習は、目の前の出来事を目の前にいる人たちとの関係のなかで一緒に考えて、そのなかで自ら気づいたり、新しい意味や価値のつながりを見つけたりする学びのかたちです。

そのなかには、意図やコントロールの外側で起こる出来事がたくさん隠れています。そしてそれは、学校のなかでも同じだと思うのです。

PAプログラムでも学校でも、教育という場にはなんらかの意図があります。ぼくも、こうなってほしいなあ、こういうことを目指したいなあと思いながら、目の前の人と関わっています。

しかし、完璧に意図通りの言葉や行動が返ってくると、心の中のセンサーが働きます。どこかで無意識に自分の意図に誘導しているんじゃないだろうか、子どもたちがぼくの意図を上手に読み取って動いてくれているんじゃないだろうか、というセンサーです。

そして、コントロールしたい気持ちのセンサーになるのは、ぼくの中の感情です。自分の中の不安やイライラは、時どきコントロールしたい気持ちにくっついていることがあります。だから、もし自分の中のイライラをキャッチしたら、そのイライラがどこからきているのかを考

えてみます。

　そんなセンサーを使って、意図をもって関わりながらも意図に縛られない。自分の思う通りにコントロールしたいという気持ちを手放す 。そのことができたら、自分の意図やコントロールの外側で起こる、とっておきの出来事は、そんなに珍しいことではなくなるはずです。そんなとっておきの出来事に、いつもわくわくしていられる自分でいたいなあと思っています。「アドベンチャー」はまさにとっておきの出来事の場。「不安定さや不確定さって楽しい！そこに学びがある！」という考えが全体に流れています。

　とくに先生たちの意図は明確なことのほうが多いと思います。それは先生たちは、ぼくたちファシリテーターよりも目指すものや学ばせたいことがはっきりしているからです。もちろん、その意図のなかで起こることにも学びがあります。ですが、意図やコントロールの外側で起こるとっておきの出来事にも、おもしろい学びがあるはずです。

　「おもしろいことって自分の想像の外側で起こるんだ」ということを頭のはじっこに置いておいて、想像の枠のなかに可能性を閉じ込めないでいることができたら、もっとたくさんの出来事に気づける自分になれるかもしれないぞ、と思っているのです。

　そんな自分を目指して。
　次は、コントロールしたくなったときのいちばんの近道、「怒る」ということについてです。

第 3 章　「これでいいのかな」と考えはじめた「わたし」へ

ワーク 6

感情から生まれる行動を考える

子どもたちにたいして、イライラしたりするとき、ついつい出てしまう行動はありますか？　理性的に行動をとることも、感情を発端としてあふれ出てくることもあります。

このワークでは、「イライラ」から、どんな行動が生まれるか……を考えてみます。

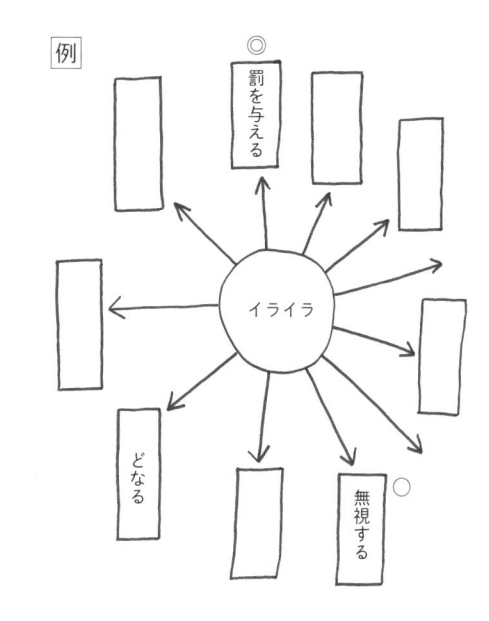

例

◎罰を与える　　イライラ　　どなる　　無視する○

① イライラしたときについつい出てしまう行動を次ページに書き出してください。

② 書き出した行動のなかで、「イライラ」という感情から、やったことがある行動すべてに○（マル）をしてください。

③ 「よくやっちゃうなあ」という行動にもう一つマルをつけ、◎（二重マル）にしてください。

④ それらを見て、どんなことを感じますか？

[　　　　　　　　　　　　　　　　　　　　　　　　　　　　　　　　　　　　]

43

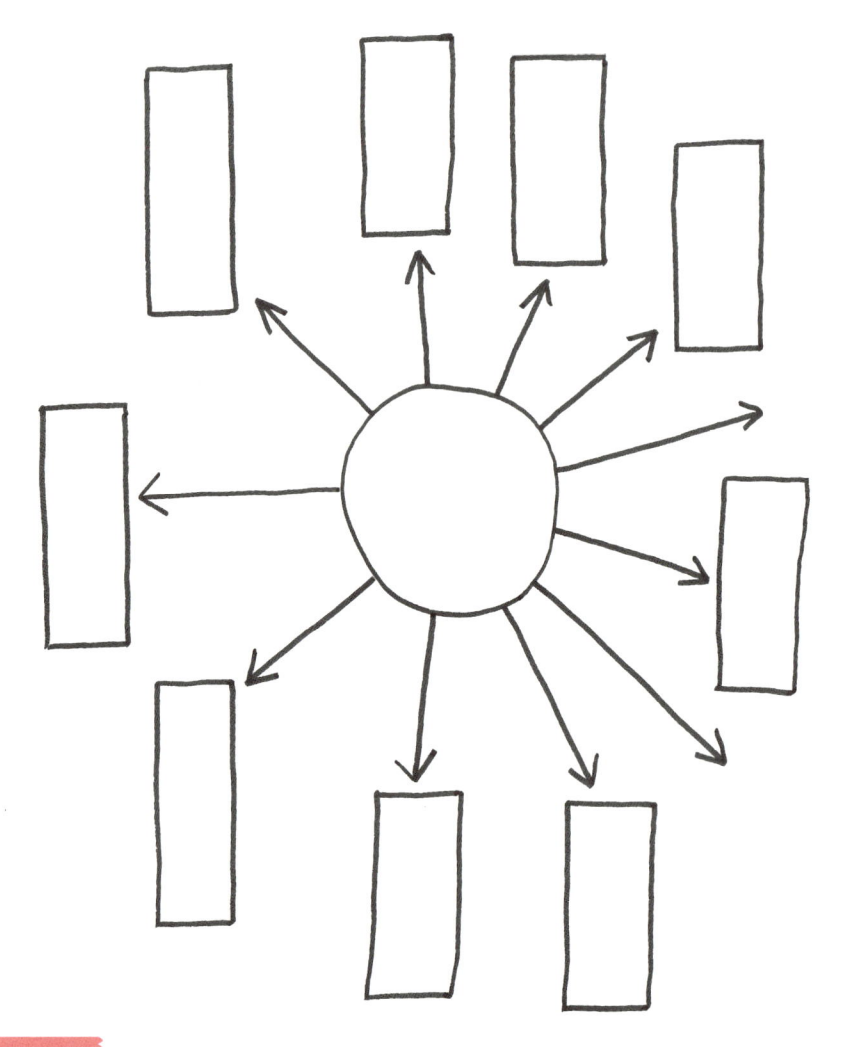

ふりかえり

　行動には「つい、いつも出てしまうもの」があります。その行動のパターンを意識することによって、自分で自分の行動を選ぶための準備ができます。
　感情を変えることは難しくても、行動を変えることはできるかもしれません。まずは自分の行動パターンを認識してみることから、はじめてみましょう。

感情と行動の「間」

　ボクが若い先生から相談されることでいちばん多いのは、「つい怒ってしまう」「怒鳴ってしまう」というもの。安定的に子どもたちの前に立てない、という相談だ。たとえば、ある子が忘れ物をする。
「連絡帳に書いたの？」
「書き忘れました」
「あれだけ書きなさいって言ったでしょ！だから忘れるんでしょ！」

　どんなときにボクたちは、怒ってしまうのか？　イライラしてしまうのか？
　たとえば、朝自習で子どもたちが騒いでいた。その時間にやるべきことは黒板に書いておいたし、騒いじゃいけないこともわかっていたはずだ。当然静かにやっているものだという「見通し」をボクはもっていた。ところが、ワイワイしている。
「何で騒いでるの‼　静かにしなさい！」と怒る。
　初めはイライラしてしまうことが多かった。最近はもういい歳になったし、似たようなシーンは何度も何度も体験してきているので、「何が原因だろう？」と、一歩引いて考えたり、聞けたり、観察したりすることが多い。
　騒いでいた原因は、
「ついしゃべってしまいたくなる自習内容だった」
「直前まで静かだったけれど、トンボが窓から入ってきて大騒ぎになっていた」
「週明けで、なんとなく気持ちが落ち着いていなかった」
「次の時間の社会の発表会が気になっていて、相談していた」
　まあ、その場によっていろいろあるわけだ。

　ちょっと落ち着いて考えたり、子どもたちに聞いたり、観察したりすれば見えてくるのに、ボクたちは瞬間的に「反応」してイライラしてしまう。
　時には怒ってしまう。

　忘れ物を繰り返す子にたいしてボクたちは
「なんで毎日言ってるのに忘れてくるの！」となりがちだ。
「ここでちゃんと身につけないと将来困るから」というような感じでボクたちは自分の怒りを

正当化するし、それは少しは「正しい」。
　でもその子も遠足のお菓子は絶対忘れないし、お楽しみ会の衣装もしっかりもってくる。もしかしたら、家庭環境が原因で忘れ物をしない、というのがなかなかハードルの高いことなのかもしれないし、そもそも困っていないかもしれない。忘れ物をしない人も、じつは保護者が全部やってくれている、なんてこともあるわけだ。頭ではわかっているのにボクたちはイライラする。

　もう少しその反応を深めてみよう。
　ボクたちはなぜ、自分の思っていた通りにならなかったときにイライラするのだろう。
　わたしが言ったことをあなたはやるべきなのに、やらなかった。あなたのためを思っていったのに従わなかった。そのことに対して、「善意を無にされた」「軽く見られた」、もっというと「バカにされた」と思ってしまっているのかもしれない。
　意図通りの結果にならなかったことへのいらだち。ちょっと強い言葉で言えば、相手をコントロールしたかったのにできなかった、といういらだち。ここに、怒りの原因の一つがある。
　それは、その裏に「相手をコントロールしたい」と思っているボクがいる、ということだ。

　そう思って、いままでの怒りをぶつけた体験を思い返してみると、ボクは結構あてはまってしまう……。

　イライラするのは感情なのである程度しょうがないとも思う。自然に反応してしまっているのだから。もちろん改善の余地はあるだろうけれど、そう簡単には変えられそうにない。「なぜ怒ってしまうのか」と自分に問いを向けても、「わかっちゃいるけど怒っちゃう」と自分を責めて終わりだ。
　ではボクたちはどうすればいいんだろう？

　イライラというその感情の先に、どう行動するかは、ボクたちの手のなかに選択肢がある、はずだ。イライラという「感情」と、怒るという「行動」の間に、意識して「間」をとる。
　たとえば先ほどの忘れ物の場合。イライラを感じたら、その感情を受け止めつつ、ふうーっと深呼吸。行動を起こす前に「間」をとる。

　怒る以外のポジティブな解決への選択肢はどんなものが考えられるだろう？

> - にっこり笑って「そっかあ。今日はどうすれば困らない？」と一緒に次の策を考える。
> - レンタル品を用意しておき、「あそこから借りて返しておいてね」と伝える。
> - ボクのをサッと貸す。
> - 「今日は参加できないねえ。見て学ぶことにしようか」と責任を負ってもらう。
> - 「ほかのクラスの人やクラスの人に借りられるか相談してみたら」と伝える。

ちょっと立ち止まって考えるだけで、案外たくさんの選択肢があるものだ。
また、いまの選択肢を事前のルールとして共有してはどうだろう。

「忘れ物をするのは人間だからしょうがない。忘れたあとが大事。自分が困ったり、他者に迷惑をかけないように手を打っておこう。友だちに見せてもらう約束をしたり、ほかのクラスから借りておいたり。どうにもならないときは、その時間がはじまる前に相談にきてね。はじまってからだと、ほかの人を待たせることになるから、必ず事前にね。困ったときに周りに借りられるように、普段から親切にしておいたほうがいいよー。普段鼻くそとか隣の人にくっつけてたら、いざというとき貸してもらえないからね 笑」という具合に。自分がイライラする場面を思い起こし、イライラしたら、まずそのイライラの感情を受け入れたうえで、でもボクたちはプロなのだから、その感情を素で外に出さない。素で立たないということを心構えとしてもっていたい。

「感情→行動」から「感情→間→行動」。「間」をとる。
自分を落ち着かせたら、冷静に分析し、どんな選択肢があるのかを考えて、そこから選んで行動することが大切だと思っている。そして時には、「コントロールしたい」という気持ちを手放すことも大切かもしれない。

引いてみる視点 ― PAのGRABBSS

　ファシリテーションのなかでは、「怒る」という選択肢は使わないで、ほかのやり方を考えようと意識しています。怒ってやらせることのなかでは生まれない気づきや学びを目指しているからです。でも、行動として「怒る」ことを選ばなくても、感情として「怒る」ことを選ばないことはなかなかできません。どうしたって、イライラしたり、腹が立ったりすることはあるものです。

　「イライラ」という感情と「怒る」という行動とがくっついてしまわないように、「間」をとる。これからの話が、そのヒントになるといいなあと思っています。

　ぼくが子どもたちとPAのプログラムをやっているとき、近くで見ている先生に、「よくガマンできますね」と言われることがあります。そのときのガマンとは、「注意することをガマンする」とか、「怒ることをガマンする」とか、そういうことなのだろうと思います。「指示することをガマンする」という場合もあるかもしれません。

　「よくガマンできますね」と言った先生は「あそこは注意（指示）してほしいなあ」と思っている場合もあれば、「自分ならついつい怒っちゃうんだよなあ」「指示してやらせちゃうんだよなあ」という気持ちで言っている場合もあるように思います。

　「（ガマンせずに）注意してほしい」と感じているのだとしたら、先生が子どもたちにさせたいと思っていることを、ぼくが子どもたちにさせていない、ということに不満を感じているのかもしれません。たとえば、「きちんと話を聞いていないから注意してほしい」とか「自分の意見を全然言っていない子がいるから、言わせてほしい」というように。

　「自分ならついつい怒っちゃう」と感じているのだとしたら、普段の関わり方を思い返しているのでしょうか。ほんとうは怒りたくない、指示ばかりしたくない、でもついついそうなってしまうんだよなあ、というように。

　「よくガマンできますね」と言われたときのぼくの気持ちを思い出してみると、「たしかにガマンしていたなあ……」というときと、「別にガマンしていたわけではないんだけどな」というときとがあります。

　「たしかにガマンしていたなあ」というときの多くは、「こうしてほしい、こうさせたいとい

う気持ち」、そして「そうならない不快感やイライラ」をガマンしているような気がします。

「話を聞いてほしい。でも、そうならない」
「積極的に参加してほしい。でも、つまらなそうにしている」
「男女が関わってほしい。でも、必要以上に避けている」
「課題を達成してほしい。でも、このままいくと達成しないだろうなあ」

「こうさせたいのにそうならない」という自分自身の不快感やイライラにはよく出会うものです。それをすぐに行動に移すと、「注意(しっ責)」や「指示」になります。
　ぼくは、子どもたちが気づいたらやっていた、もしくは自分で決めてやってみた、という場をつくりたいと思っています。そういう行動とその結果がその人の自信になってまた次の行動につながり、少しずつ少しずつ自分への信頼が積みあがっていくと信じているからです。
　でもやっぱり、自分の思う通りにさせたくなったり、そうならないとイライラしたりしてしまいます。しかも、そんな自分に気づくのはたいていプログラムが終わった後で、「もっともらしく言っていたけれど、結局は自分がガマンできていなかっただけだ…」と落ち込むことも。
　先ほど(「意図やコントロールの外側で起こること」38ページ参照)でも話しましたが、自分自身の「こうさせたい気持ち」や「そうならない不快感やイライラ」を少しわきに置いて(ときどきガマンして)、起こっていることを眺めていられたらいいなあと思っているのですが、なかなかうまくいくことばかりではありません。

「別にガマンしていたわけではないんだけどな」とぼくが感じているときのことを考えてみます。
　先生にはぼくがガマンしているように見えているのだから、何か困ったことが起こったり、スムーズにいかなくなったりと、ぼくにとって都合のよくないように見えたのかもしれません。
　たとえばこんなときです。
　お互いに身体を支えたり手を貸したりと、物理的な協力が必要な課題。でも、男の子は自分たちが楽しいことばかりを繰り返して何度も失敗しています。女の子たちはそれをみてひそひそ話……。ぼくが男の子たちに「みんなで協力しないとできないよ！」と言ったり、女の子たちに「思っていることがあったら言ったらいいのに」とそそのかしたりすると、状況は変わるかもしれません。でももしかしたら、男の子たちが失敗を続けるうちに女の子たちに助けを求めるかもしれないし、女の子たちが我慢できずに男の子たちに提案をしたりするかもしれません。

そんなときは別にガマンしているわけではなく、いろんな「かもしれない」の種を探して眺めているのです。

PAの考え方のなかに、「GRABBSS（グラブス）」という視点があります。これは、プログラムを組み立てるうえでG.R.A.B.B.S.Sという七つの視点をもって、一人ひとりやグループをみてみようという、アセスメント（評価）の視点です。

Goal：目標
一人ひとりやグループに設定された目標とどんなふうに関係した活動がよいだろう？　設定された目標は変わらずにそこにある？　それとも、少しずつ変わってきている？

Readiness：準備
こんな活動をやってみたいけれど、その準備はできているだろうか。それとも、怪我をしてしまう危険や、グループにとって好ましくない体験となる危険につながってしまうだろうか。準備が足りないとしたら、どんな準備が足りないのだろう。別の活動にするかルールややり方を変えてしまうのはどうだろう。

Affect：感情
みんなのなかにはどんな感情があるだろう。一人ひとりはどうで、グループとしてはどうだろう。その感情にみんなは気づいているのかなあ。それとも、まだ表には出ていないのかなあ。どれくらい、お互いに共感できているのだろう。

Behavior：態度・行動
一人ひとりはどんな態度や行動をとっていて、グループとしてはどうだろう。不満げな人もいるけれど、ほかの人はそんなふうには見えないなあ。肯定的な行動にはどんなものがあって、否定的な行動にはどんなものがある？

Body：身体
からだの具合はどうだろう。怪我をしたり、疲れていたり、動き足りなかったりすることはないだろうか。そのからだの具合のことを、みんなはお互いに知っているのかな。

Stage：グループの発達段階
グループの発達段階（＊）はどうだろう。グループはこれまでどのように変わってきていて、グループに対するぼくのいまの見立ては、これからどう動いていくだろうか。

> ## Setting：背景
> 場所や道具はどう？　何か制限がある？　その環境にはどんな学びやチャンスがありそう？　性別、地域性、校種や校風などで、グループや一人ひとりに影響していることはある？　あるとしたら、それはどんな反応や行動に、どんな影響を与えているのだろう。
> （＊）グループの発達段階については、77ページ参照。

　ぼくがガマンしているように見えた場面は、先生にとってはもどかしさを感じたような場面だったかもしれません。しかしそんなときにも、子どもたち一人ひとりとグループの様子について情報を集めるつもりで、こんな視点で見ているとたくさん気づくことがあります。初めて名前を呼び合う瞬間があったり、思っていることを言おうか言うまいか思い悩んでいそうな子がいたり、いつもはべったり一緒の三人組の一人がその輪を抜けてほかの子と関わろうとしていたりと、見過ごしがちな小さいメッセージが見つかったりします。

　そんなわけで、「別にガマンしていたわけではないんだけどなあ」というときは、じっくりぼんやり、そこで起こっていることを眺めているようなときです。

　この一人ひとりやグループを観察する視点「GRABBSS」は、プログラムを組み立てるための情報を拾い集めるための視点です。しかし、そのことと同じくらいか、それ以上に大切な意味があります。それは、「もどかしい場面」にぐっと近づきすぎているとき、GRABBSSという七つ光を当てて見てみることで、その場面と少し距離を置いてみてみることができるということです。

　グループの輪から少し離れている、というある子の行動（Behavior）があったとします。学校でもマイペースで、周りの動きよりも自分のやりたいことを優先しがちだと先生から聞いていたこともあり、みんなの輪のなかに入れさせようという気持ちがむくむくと沸き起こります。

　「ほら、ちゃんとグループのなかに入って！」と言いそうになったその瞬間に、ポケットからGRABBSSガイドラインを取り出す感じで……。

　ぼくはあの子に、今日の活動が終わる頃にはどうなっていてほしいと思っているのだろう、1年後は？、あの子自身はどうなりたいと思っているのかなあ（Goal）。じつはグループのメンバーとまだあまりうちとけていないのかもしれない（Readiness）。どんな気持ちがあって輪に入らないのだろう、輪に入りたくても入れないのだとしたら、そのことをどう感じているのだろう（Affect）。体調が悪いのかなあ、ご飯食べてきていなかったりして（Body）。あの子の様子に気づいている子はいるのかなあ、気づいていたら何か言えるようなグループになってきている

んだろうか（Stage）。そんなふうにいろんな方向から光を当てることで、その子とその子をとりまくグループの様子が立体的に見えてきます。

そうこうしているうちに、その子の行動にぐっと寄りすぎて、「あの子は周りを見ずに勝手なことをしている！」と決めつけていた自分の目線に気づき、その子の行動と少しだけ距離をとることができます。そのためには、極端に言うとGRABBSSの中の二つ三つの視点でみてみるだけでもいいのです。

そしてもう一つ、イライラしたり感情が揺れ動いたりするときには、自分自身のことをGRABBSSの七つの光に当てて、見てみるようにしています。

自分のなかでごちゃまぜになっている感情のなかには、どんなものがあるのだろう（Affect）。その感情に引っ張られて、無意識にしている態度や行動はないかなあ（Behavior）。いままでにもこういう場面ってあったっけ？　そのときどうしたかなあ（Readiness）。この人やこのグループにしてほしい、させたいと思っていることはあるだろうか？　あるとしたら、その思いはどこからきているのだろう（Goal）。

自分のことはなかなかそんなふうに見られないものです。とくに自分の感情については、後になってわかることのほうが多いなあと自分自身をふりかえります。だから、ちょっと意識して自分のことを見てみるきっかけとして、GRABBSSを使っています。

GRABBSSは、一人ひとりやグループ、そこでの出来事を七つの分類で切り取るための視点ではありません。「感情」でいうとこんなことで、「行動」ではこんなこと、「準備」を考えるとこれとこれだ、というふうに切り取ることができるものではなく、その七つは重なり合っています。GRABBSSという視点は、七つの光を同

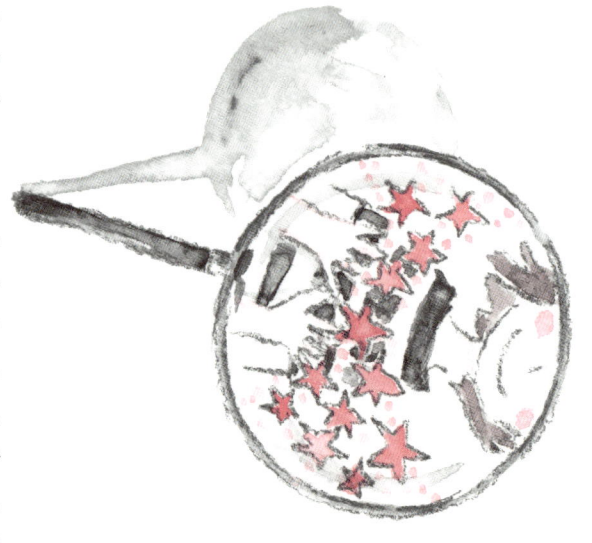

第 3 章　「これでいいのかな」と考えはじめた「わたし」へ

時に当てて、立体的に浮かび上がった全体像を捉えるためのものです。

　一人ひとりやグループの様子、そして自分自身を、GRABBSSという光に当てて見てみることで、自分自身や子どもたちにぐっと近づきすぎていた自分に気づいて、一歩引いてみることができるかもしれません。それが、感情と行動との「間」をつくります。そうすると、ちょっとだけ落ち着きます。ちょっとだけ落ち着くと、見えるものやできることは大きく広がります。

　行動として「怒る」ということを選ばないためには、感情と行動との「間」のなかで「怒っている」自分に気づいて、それをちょっとだけ落ち着いてみていられるといいのだと思っています。これはスキルなので、「怒りっぽい性格だから」とか「こんなことで怒ってしまうわたしはダメだ……」という気持ちは置いておいて、GRABBSSを使いながら、ちょっとだけ落ち着いてその風景を眺めてみる練習をしてみませんか。

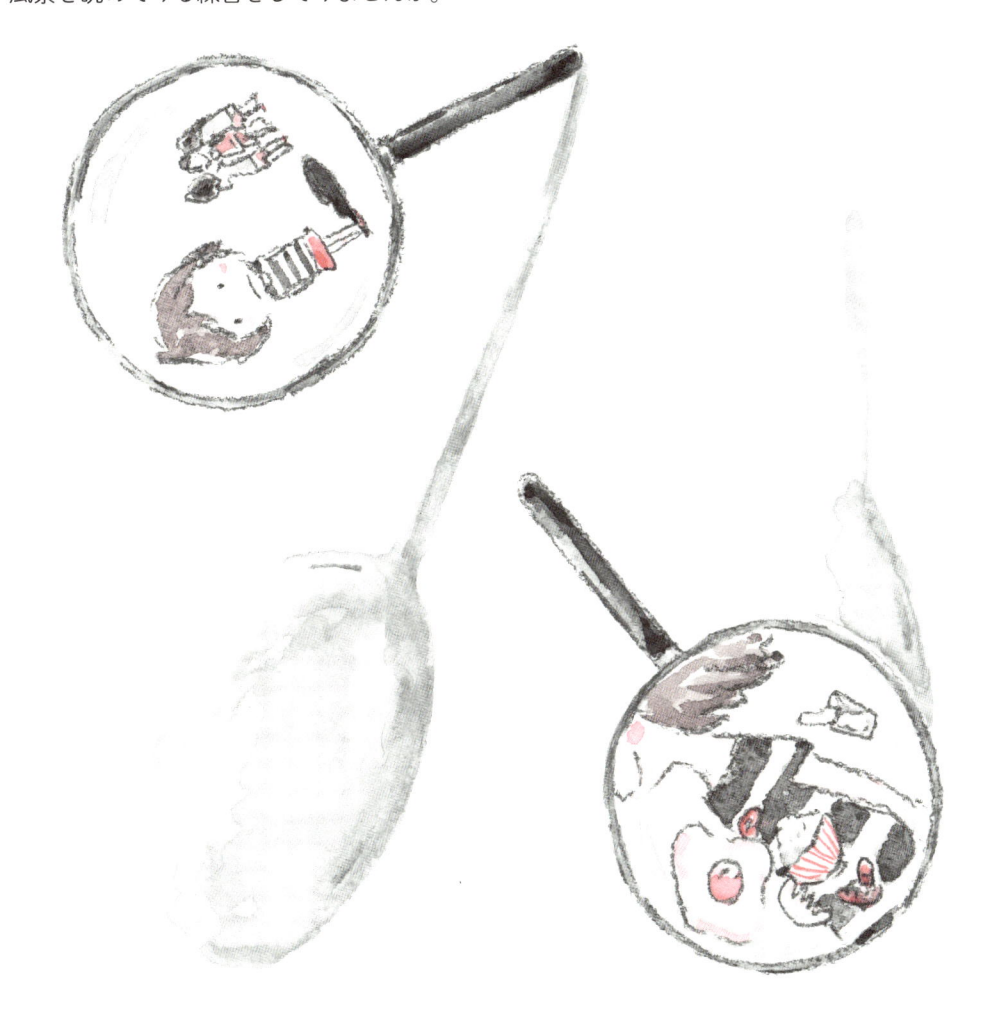

一つの出来事、小さな違和感

　何年も前。クラスの会社活動（係活動）の一つに生き物会社があった。その生き物会社が4月から一生懸命飼育していたメダカ。
　毎日水槽を眺めては、
「小さいなー！」
「イワセン、すごいかわいいよねー！　メダカ！」

　やがて10数匹の赤ちゃんも生まれ、小さなペットボトルに分けて大切に世話。
　でもその情熱、少しずつ少しずつ薄れていった。

　7月に入って水替えを忘れはじめた。
　徐々に10数匹の赤ちゃんが死滅してしまう事態に。
　ボクも気づいて一度声をかけたけれど、結局そのままだった。
　学期末のお楽しみ会の準備で忙しかったり、ダンスの出し物の練習に夢中でなんとなくふわふわしていたし。

　　お楽しみ会の前の日、ある子がそれを見つけて、朝の会用のホワイトボードの「相談」の欄に記入した。「水がにごって死んでいます。水かえしたほうがいいよ」と。
　お楽しみ会の日の朝の会。ボクは職員朝会で出られなかったが、その議題は、「今日替えようと思っていましたー」と「スルー」されたらしい。

　ボクはお楽しみ会が終わるまでは、そこには触れないことにした。
　せっかく準備してきたお楽しみ会を楽しんでほしいしね。

　しかし楽しくお楽しみ会が終わった後も、水を替える様子もなく、カビも生え、浮いたままになっている子メダカ。
　ボクは生き物会社の人に声をかけることにした。
「子メダカどうするの？」
　生き物会社の3人は沈黙。
　クラスのなかでもっともしっかりしている、と言われてきた3人が集まった会社。しっかり

者同士だからこそ、「だれかがやってくれる」になったのかもしれない。

　失敗はしょうがない。
　その子たちにしてみれば、ここまで来てしまうと、いまさら向き合うのは怖い。
　それはすごーくよくわかる。もっと早くに動いていればよかった、と、みんな後悔しているだろうけれど、ここまでくると動き出す一番手になるのはとっても怖いことだろう。

　いくつかの選択肢が浮かんだけれど、感情に引っ張られたのもあり、強く言うことを選択してしまった。

「あまりにも無責任だ！」
「気づいていてなぜ行動しなかった？」
「生き物の世話の失敗は取り返しがつかないんだよ？」
「最後の仕事をしっかりしなさい！」

3人はシーンと聞いていた。
言われなくても、呼ばれた時点でわかっているから、なぜって聞かれたって困る。
泣いている子もいた。逃げ場のないことを責められ、追い詰められたんだ。
3人はシーンとしながら水槽をきれいに洗い、小魚たちを埋めにいった。
下校時間になり、落ち込んだ様子で帰って行った。

やんちゃ坊主は近くに来て、
「イワセンは女子にもちゃんと怒るんだね」と言った。
そのつぶやきに「公平なんだよ」と言った子もいた。

その言葉にすがりそうになったとき、自分のなかに小さな違和感を感じた。
ホントにこれでよかったのだろうか？　これが公平？　怒ってよかった？
もっとほかの選択肢があったのではないのだろうか？。
何より、その言葉に飛びつきそうになったこと自体、自分のなかでなんとなく腑に落ちない感じがある証拠だ。冷静に考えると、感情に引っ張られすぎたと思う。と同時に同僚に話して「そりゃー怒ってあたりまえですよ」という言葉をもらおうとする自分もいた。
そう、子どもたちが子メダカから目をそらしたのと、怒ってしまったことを正当化することは同じなんだ。

ていねいに話を聴き、ボクの考えもていねいに伝えて一緒に考えれば、そのあとが違ったんじゃないか。ていねいに起きたことを振り返れば、学びにつなげられたんじゃないか。怒られたことでその学びの場を奪ってしまったんじゃないか。
　冷静になってようやく、違う選択肢が見えてきた。

　そして次の日の朝。
　教室に行くと、3人は生きているメダカの水替えをしていた。
　ボクが、ちょっとがんばって明るく「おはよう！」と声をかけると、目を合わさずに「おはよ」と言った。
　何人かのクラスの子が「手伝おうか？」と声をかけて手伝っていた。
　自主学習ノートには、今回の失敗について振り返っている文章がいくつも見られ、「怒られたから反省する」という構図にボクがしてしまったように感じた。

　朝の会。
　ある子から、「メダカのことちゃんと話しておこう」と出た。
　ボクの威を借りたように、男子数名が、「やっぱり無責任だったと思う」
　「手伝えばよかったけれど、でも生き物なんだからちゃんとやらなきゃダメだと思う」「飼う資格、もうないんじゃない？」
　丁寧に言葉を選びながらも、責めた。
　ボクが悪いお手本になったんだな。
　反省会のようなサークルの様子を見ながら、ちゃんと謝ることを選択した。

　「ちょっと話してもいい？」ボクは切り出した。
　「ごめん、昨日はボクはあんな怒り方をするべきではなかった。ていねいに話を聴いて、一緒にどうしてこうなっちゃったのか、これからどうすればいいのかを考えるほうがずっとよかった。怒ることでそのチャンスを奪っちゃって、ごめんなさい。
　ボクたちは、いろんな失敗をする。トラブルもある。失敗した人は困っているんだよね。
　そのときに、ほんとうはボクたちは、そばに寄り添うことが大事なんだよね。
　『そういうことあるよね』『これからできることを一緒に考えよう』『何か手伝えることある？』って。
　ボクはそうすべきだったなあといま思っている。
　それなのに逆のことをしてしまった。これから変えていきたいと思う。
　3人の生き物会社のみなさん、ほんとうにごめんなさい。

怒られたからではなく、あらためて、今回のことから何を学べるか、考えてみてね。まわりでボクが怒っているのを聴いていたみんなにもごめんなさい」

こんな感じのことを話した。

もちろん、「いや、そこはちゃんとオトナとして叱るべきだ」という考えもあるだろうし、「先生の大切な仕事の一つだ」という考えもある。
ボクはどちらが正しい、ということを言いたいわけではない。
ただ、ボクは自分が「失敗した」と思ったら、それを受け止めることが大切だと考えている。

なぜかというと、クラスが「困ったとき、失敗したときに、気楽にSOSを出せるコミュニティ」になればいいと思っているからだ。困ったときはSOSを出せば、だれかが手をさしのべてくれる。サポートしてくれる。伴走してくれる。そしてまたそこからがんばれる。
もっと言えば、そんな社会にしたいと思っているからだ。
だからボクも、困っている人、失敗した人に、そうありたいと思うし、自分が困ったときは声を上げたいと思う。それにもかかわらず、ボクはサポートをするという行動ではなく、その失

敗を責めてしまった。しかも冷静にそれを選択したというよりは、感情で反応してしまった。時には「怒る」ことが必要なときもあるのだろう。今回に関してはボクはそうすべきではなかった、と考えている。

　そういう自分に向き合うのは、けっこう苦しかったりする。
　でも、ボクにとってこの出来事は大きかった。

　一つの出来事、小さな違和感。

　そこを丁寧に考えてみると、
　「自分が何を大事にしているのか」が見えてくる。
　そしてそこから、わたしの「先生としての仕事」が少し浮かび上がってくる。

　子どもたちに謝ったあと、ボクも気分一新。笑顔にもどった。
　そしてボクたちは、思いっきり笑えるゲームをして一緒に遊んだ。
　みんなでゲラゲラ笑った。
　すぐに気分を変えて笑顔に戻れること。これがボクの強みの一つで、ボクの「先生としての長所」だと考えている。

　あらためて、この出来事を思い出してみる。
　ボクが怒ってしまった翌日の朝、「手伝うよ！」と声をかけて、手伝っていた子たちがいた。目指したい姿が自然に生まれていた。
　怒るという選択をする前に、丁寧にクラスや子どもたちの姿を見つめ、空気を感じられる自分でいたいなあと思う。そうすれば、もっといろいろな選択肢、ボクの先生としての仕事が浮かび上がってくるはずだ。

ワーク7

わたしたちがもっているかもしれない「思い込み」

　わたしたちは、「こういう先生でありたい」「こんなクラスにしたい」という思いをもって教室にいます。その思いが強くなりすぎると、子どもたちの行動を制約してしまったり、そうできない自分、そうならない子どもたちに落ち込んだり、腹が立ったりすることもあります。下記の質問は、「教師特有の指導行動を生むイラショナル・ビリーフ尺度」[*1]という質問紙の一部です。下記の質問に1から4の点数をつけてみましょう。

　　　　　　1：全くそう思わない　　2：あまりそう思わない
　　　　　　3：少しそう思う　　　　4：とてもそう思う

学級のきまりがゆるむと、学級全体の規律がなくなるので、教師は毅然とした指導が必要である	
教師はその指示によって、学級の児童に規律ある行動をさせる必要がある	
教師は学校教育に携わるものとして、同僚と同一歩調をとることが必要である	
生活指導などでは、学校の教師全体が、同じ方針で取り組むことが大事である	
教師は児童のあやまちには、一貫した毅然たる指導をする必要がある	
児童は、どの教師の言うことも、素直に聞くべきである	
児童は、担任の教師の指導を、素直に聞く態度が必要である	
教師と児童は、親しい中にも、毅然たる一線を保つべきである	
児童の教育・生活指導などには、ある程度の厳しさが必要である	
児童は学校生活を通して、集団のきまり・社会のきまりを、身につけなければならない	
児童が学校・学級のきまりを守る努力をすることは、社会性の育成につながる	
児童の生活指導は、学校教育全体の場で、適宜、継続的に行う必要がある	
児童は授業中に、挙手の仕方・発言の仕方など、規律のある態度が必要である	
学級経営は、学級集団全体の向上が、基本である	
合計点	
平均点（合計÷14）	

> **ふりかえり**

　この質問は河村茂雄さん（早稲田大学教授）が作成したものです。小学校の先生がもっている強迫的で、絶対的な「ねばならない型」の思考（これを「イラショナル・ビリーフ」といいます）を調べる質問の中で、とくに「先生は子どもたちをどんなふうに管理するべきか？」といった「児童管理・生徒指導」という観点からつくられた質問の一項目です。調査ではこの項目の平均点は3.22でした。みなさんの平均はどれくらいだったでしょうか。この質問が高い先生のクラスで子どもたちの学級適応感が低くなっている、という追跡調査もあります。[2]

　調査では、小学校の先生と比較するために、小学生の子どもがいる保護者と先生以外の教育関係者（児童相談所の相談員、社会教育の担当者など）にも同じ調査を行っています。結果は小学校の先生のイラショナル・ビリーフは高く、似通っていることがわかりました。とくに、先生の結果が、年齢や性別、地域などの個人的な属性とは関連性が低く、教職経験と関連があることがわかりました。

　もしかすると、知らず知らずのうちに自分の性格とは離れた「先生らしさ」がつくられていて、それに自分の感情や行動が影響されていることがあるのかもしれません。そうだとしたら、自分の中にある思い込みについて考えてみることで、教室で悩んだり落ち込んだり腹が立ったりしている自分の、理由のひとかけらが見えてくるはずです。

　「思い込み」の難しさは、「思い込み」だと気づかないところにあります。「思い込んでいる」のですから当然です。そして気づかないうちにつくられた「思い込み」の枠を外れてしまうと、不安やいら立ちを感じてしまうのです。質問紙を通して、何かひっかかるものがあったとしたら、自分では気づきにくい「思い込み」に目を向けるきっかけになるかもしれません。

*1　河村茂雄・國分康孝（1996）小学校における教師特有のビリーフについての調査研究, カウンセリング研究, 29, pp44-54
*2　河村茂雄・國分康孝（1996）教師にみられる管理意識と児童の学級適応感との関係についての調査研究, カウンセリング研究, 29, pp55-59

　河村さんは、クラスや子ども達をアセスメントする指標として「楽しい学校生活を送るためのアンケート（Q-U）」を開発し、広く普及しています。紹介した調査に関することやQ-Uについて詳しく知りたい方は、下記の書籍を参照ください。
- 「学級づくりのためのQ-U入門」図書文化社
- 「日本の学級集団と学級経営」図書文化社
- 「学級崩壊に学ぶ－崩壊のメカニズムを絶つ教師の知識と技術」誠信書房
- 「集団の発達を促す学級経営シリーズ」図書文化社
- 「学級集団づくりのゼロ段階」図書文化社

第 3 章　「これでいいのかな」と考えはじめた「わたし」へ

ワーク 8

クラスの姿、クラスのプロセス

いまのクラスはどんなふうにみえますか？

次ページのイラストのカードの中から、いまのクラスの風景を選んでみてください。

「先生からみたいまのクラスの風景」を入り口に、4月から現在までクラスはどのように変化してきたのか、この後どうなっていくだろうという予測が立つか、わたし（先生）はどんなクラスであってほしいと思って日々を共にしているのか、ということを考えてみたいと思います。

いつも一緒に過ごしている人との関係は、よくよくみてみないとわからないものです。一人でじっくり考えてもよし、みんなでわいわい話しながらでもよし。クラスのことやクラスと自分自身との関係のことを、考えてみましょう。

このワークでは、次ページのカードを使います（HPからもダウンロードできます）。

① いまのクラスを表しているカードを1枚選びます。　□

② カードを使っていまのクラスの様子を説明してください。

[　　　　　　　　　　　　　　　　　　　　　　　　　　　　　　　　　]

③ 4月からいままでのクラスのプロセスを数枚選んでください。

□ → □ → □ → □ → □ → □

④③のプロセスについて説明してください。たとえば、そのプロセスのなかで、大きなポイントとなった出来事はどんなことですか？

[　　　　　　　　　　　　　　　　　　　　　　　　　　　　　　　　]

⑤そのプロセスを眺めて、どんなことを感じますか？

[　　　　　　　　　　　　　　　　　　　　　　　　　　　　　　　　]

第3章 「これでいいのかな」と考えはじめた「わたし」へ

ワーク 9

クラスとわたしの関係

　ワーク8でみたクラスの風景のなかに、わたし（先生）自身はどんなふうにいるのだろうと考えるために、もう一つのワークをやってみます。

　もちろん、クラスの数だけ先生とクラスの関係はありますので、その関係を考えるための入り口です。

　イラストの子どもたちに目がないのは、「わたし（先生）とクラスの関係」に限定しているからです。ちょっと勇気がいるかもしれませんが、いまの関係に近いものを探してみてください。

　このワークでは、次ページのカードを使います（HPからもダウンロードできます）。頭に花がついているのが「わたし（先生）」です。

① 今のクラスと「わたし（先生）」の関係に近いのはどれですか？　　□

　（今のクラスに合うイラストを1枚選びます）

② カードを使って、クラスとわたしの関係について説明してください。

[　　　　　　　　　　　　　　　　　　　　　　　　　　　　　　]

③ いまのクラスと私の関係を説明してみて、どんなふうに感じますか？

[　　　　　　　　　　　　　　　　　　　　　　　　　　　　　　]

① ② ③ ④ ⑤ ⑥ ⑦ ⑧

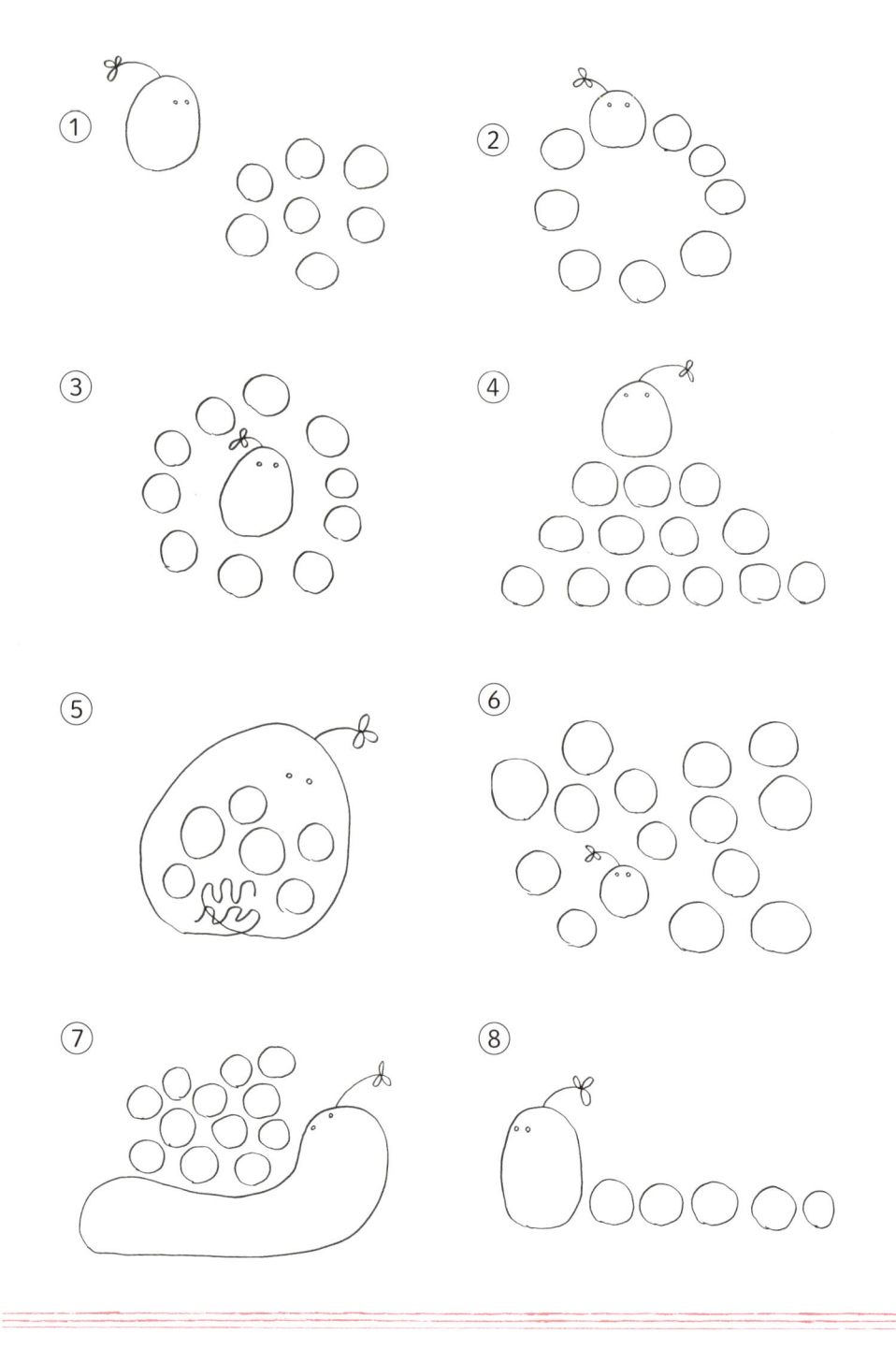

第3章 「これでいいのかな」と考えはじめた「わたし」へ

④ クラスと「わたし（先生）」の関係について、　　□
　　こうありたいなあと思うカードを選んでください。

⑤ どうしてそのカードを選びましたか？

[　　　　　　　　　　　　　　　　　　　　　　　　　　　　]

ふりかえり

　クラスの様子も、クラスとわたしとの関係も、どんどん変化していきます。
　時間を置いてもう一度カードを選んでみると、また新しい関係がみえてくるかもしれません。
　そんなふうに、その時どきの様子をかえりみることのできるワークであることを願っています。
　このあと、クラスという場について岩瀬が考えていること、学校の外から見て寺中が思うことを書いています。いまのワークで感じたことと合わせて、クラスという場、クラスという集団について考える材料にしてみてください。

応用例

＊クラスの子どもたちから見たわたしはどのようにみえると思いますか？
＊そのクラスを子どもたちはどう感じていると思いますか？
＊こうありたいと思ったカードは、いまの自分にとって、どんなカードですか？
＊カードを選ぶとき、2枚以上のカードで選び迷った場合、その複数のカードの似ているところ、違いはなんですか？

第 4 章
めざしたいクラスを探している「わたし」へ

クラスってどういう場？

　学校にはいろいろな行事がある。
　ボクはどの行事のときにも、クラスで目標を決め、チームワークを高めながらみんなでチャレンジ！というのを大事にしてきた。

　ずいぶん前になるが、ある年の5年生を担任したときの、ある日。
　2週間後は3校対抗戦の大縄大会がある。5分間の8の字飛びで何回跳べるかというチャレンジ。

　ボクは子どもたちと話し合って目標を決めた。
　「5分間で400回！」
　うん、なかなかいい目標だ。がんばって練習すればぎりぎり届きそう。
　そのなかでいろいろな葛藤も起きそうだ。そして、それを達成するために、『大事にしたいこと』を子どもたちと話し合う。

　本気で練習する。「ドンマイ！」「おしい！」とプラスの言葉をかけ合う。あきらめない。業間休みは全員で練習する、など。

　いい言葉がたくさん出てきた。
　子どもたちはほんとうに一生懸命練習している。引っかかる人がいても、「ドンマイ！」と声がかかる。休み時間も自分たちで声をかけ合って、どのクラスよりも一生懸命練習していた。クラスが一つの目標に向かってチームになっていく感じ。
　ステキだなあ、素直にボクはそう思っていた。

第 4 章　めざしたいクラスを探している「わたし」へ

　クラスには、ユウちゃんという子がいた。
　ユウちゃんは縄跳びがものすごく苦手。何回飛んでも引っかかってしまう。
　休み時間はどちらかと言えば室内でのんびりしていたいタイプ。読書が好きで、中学生や高校生が読むような小説を読んではボクと感想をおしゃべりしたりもした。イラストも上手。時には学級通信にイラストを書いてくれることもあった。でも体育は何より苦手なユウちゃんにとって大縄は大きなチャレンジ。

　その日のジャーナルには「正直、いやだなー大縄って思う」と書いていた。
　最初のうちは何度跳んでも引っかかってしまう。クラスのメンバーは、「ドンマイ！」と温かい言葉をかける。なかなかうまく跳べなくて半泣きになっちゃうことも。それも周りが励まし、声をかけ、アドバイスし、ユウちゃんは毎日の休み時間、人一倍練習した。聞けば、おうちでも練習していたそうだ。
　ある日、一人の子が、明らかに「下手すぎるんだよ」というような態度をとった。ユウちゃんが引っかかったとき、大きなため息をついたのだ。そしてその微妙な空気は、そのクラス全体に広がっていった。ユウちゃんはいたたまれない顔をしていた。でもユウちゃんは諦めなかった。そして本番まであと1週間となったとき。彼女は突然、スッと跳べるようになった。クラスは大喜び。ユウちゃんもとってもうれしそう！それから練習はさらに熱が入る。放課後にも子どもたちは集まって校庭で練習している。ボクも時どき、その様子を応援に校庭に出て行った。記録はどんどん上がっていった。

　そしていよいよ明日が本番。
　「最後のふりかえりと明日に向けてどうしたいかを話さない？」
　子どもたちは少人数で丸くなって語り合いはじめた。
　円陣を組む人たち。いままでの練習の感謝を述べ合う人たち。明日の決意を述べ合う人たち。ふと、ユウちゃんのいるところを見ると、ユウちゃんが泣いていた。
　「イワセン、ユウちゃんはやなんだって。いままでも運動会とかの本番でうまくやれたことないからって……」
　まわりは一生懸命励ましている。でもユウちゃんの不安そうな顔は消えない。
　元気のいい男子の「みんなでエンジン組もうぜ！」というかけ声で、全員で円陣を組み、気勢をあげてうやむやのまま終了。

　そしていよいよ本番。
　本番の緊張が、子どもたちの力と集中力に変わったようだ。

練習以上の力を発揮し、見事目標達成！　そして優勝！
　子どもたちの喜びと笑顔は爆発した。
　<u>ユウちゃんもめちゃくちゃに喜んでいる</u>。みんなもユウちゃんのところにいってハイタッチ！　泣いている子もいる。
　子どもたちも保護者も、そしてボクも感激していた。すごいすごい！努力が実った！って。

　やがて、ボクたちはゆるやかに日常に戻っていった。
　ユウちゃんも休み時間、読書やおしゃべりを楽しんでいる。何人かの子たちは、「あーまた、あんな熱い行事ないかなー！」なんていいながら、そのときの感情を味わい直すように時どき大縄をしている。
　クラスはチームとして一段レベルが上がったなあ、そんな感じをボクと子どもたちは共有していたように思う。

　しかし、その行事が終わってしばらくしたとき、ボクは自分のなかに「ざらっとした違和感」があるのに気がついた。このざらっとした感じはなんだろう。
　　ボクは何に引っかかっているのか？

第 4 章　めざしたいクラスを探している「わたし」へ

　ユウちゃんは大きな壁を乗り切り、そして大きな達成感を得た。
　まわりも「サポートしてよかった！」と有用感を高めた。とてもとても美しい物語として完結した。
　でも、ユウちゃんにとって、ほんとうにこれでよかったんだろうか。
　がんばりたかったのだろうか。
　がんばる以外に道がなかっただけじゃないだろうか。
　縄跳びという「苦手」にここまで向き合うことで得たものはなんだったのだろうか。これはほんとうによかったことなんだろうか。

　読書とかイラストとか、強みがあるのだから、そこを拠点にゆるやかに成長していくんじゃダメなんだろうか？　そこで活躍したり、クラスに貢献したりできることはたくさんある。それぞれ学びたいことがあって、得意があって、それを生かしながら学べるクラス。一人ひとりのベクトルが違っていてよくて、そこはまるでアトリエのようにお互いの学びが刺激になり、時には協同で学んだりする。
　そんなクラスはできないだろうか？

　そこまで彼女をがんばらせてしまう、「クラス」とはなんだろう？
　すでにがんばっている彼女に「もっとがんばれ」という空気、そして「もっとがんばるべき」と彼女自身が信じている空気ってなんだろう？
　そして、そんなクラスを一緒につくってしまう「先生」とはなんだろう？

　なんのためにクラスや学校はあるんだろう？

　ボクのなかで、いままでの前提を疑うような問いが頭のなかで渦巻きはじめた。
　じつは、本書の企画のスタートは、この違和感を、共著者の寺中と、編集の阿部に話したことだった。
　この本も終盤にさしかかってきた。

　この章では、ボクがいまのところ暫定的に考える「いいクラス」とは？　を言葉にしてみようと思う。「暫定的」ということは強調しておきたい。
　ボクの考える「いいクラス」や「いい先生」、「いい授業」は流動的に変化していっている。きっと正解はないんだと思う。だから常に日々学んだり、体験したり、振り返ったりしながら「納得解」を探し続けている感じ。だからいまこの本を読んでくださっているときには、また変化して

いるかもしれない。

　クラスはたまたま集まった人の集まり。そこに必然性はない。そこに集まったメンバーで「クラス目標」を決めて、それに向かって力を合わせていこう！そうすればクラスのチームワークは高まってクラスはチームになっていく。チームになればパフォーマンスが上がっていく、長いことシンプルにそんなふうに考えていた。だから先の縄跳び大会のような出来事が生まれるんだろう。
　そしてそれはとても美しい物語として完結していく。

　でも。そこに感じていたちょっとした違和感。
　それは、凝集性に関する違和感だ。
　クラスがグッと凝集していけばいくほど「自分たちのクラスはすごい！」となっていく。それが徐々に排他的になっていく危険性みたいなものを感じる。そこから降りていく人、降りたい人を排除する感じ。ユウちゃんがもし、「わたし大縄はきらい」と発言したら、そんなムードが表れたと思う。

　たとえば、クラスを四つぐらいのグループに分けて、課題解決のアクティビティをしたとする。クラス全体としてはいい雰囲気なのに、四つに分かれて課題解決に向かっていくと、ぐんぐん凝集性が高まって、いつのまにか「ほかの班に負けたくない」みたいな気持ちが生まれることがある。勝ちたいって気持ちはとても自然だ。勝ちたいからこそ、自分たちのやり方をジッと見ているほかのグループのメンバーに、「マネするなよ！」なんていう人が現れたりする。ぐぐっとまとまっていくと、まわりとの境界が生まれてくる。クラスもまとまればまとまるほど、ほかのクラスとの境界みたいなものが際立ってくる。そんな危険性を感じている。

　クラスの中の凝集性が起こす「排他性」の芽。
　それはややもすると集団の中の「同調圧力」にもなりかねない。先の縄跳びのエピソードで言えば、目標へ向かっていく、その大きなパワーから「降りられない、降りたいと言えない」ということが起きてしまう可能性がある。
　いや、もしかしたら、降りようなんて思わないような「熱」みたいなものが生まれてしまっているのかも。それはクラスをチームとしているボクの意図がそうさせているのかもしれない。そんなことがじんわりじんわり気になりはじめた。

　「クラスはチームなのか？」

第4章　めざしたいクラスを探している「わたし」へ

　それが、ボクのなかでどんどん大きな問いとなっていった。

　教室で起こっていることをもう一度丁寧に考えてみよう。チーム、という言葉は定義でずいぶん違ってくる。チームであるか否かはちょっと本質を外しているように思えた。凝集性に頼らないチームだってあるからだ。逆に凝集性が大切なときもある。そこで、問いをこんな風に変換した。

「自分がいたいクラスってどんなクラスだろう？」

　それは、わたしがいたい地域やコミュニティってどんな場所だろう、と置き換えることができる。子どもたちにとってクラスは間違いなく自分が所属する（せざるを得ない）コミュニティだ。その場を、これからボクたちが目指したいコミュニティのイメージとして考えていきたい、そう考えた。

　そう考えながらクラスを見ていると、意外とすっきりと見えてきたんだ。

　自分のやりたいことがあること。自分のペースを大事にできること。
　たとえば休み時間。サッカーに興じている男女もいれば、教室でおしゃべりしている人もいる。歴史で学んだ人物でカードゲームをつくって遊んでいる人がいる。それをニコニコ見ている人もいる。「一緒にやる？」なんて声をかけている。理科で使った電磁石で実験している人もいる。そのメンバーの組み合わせは日によって違う。自分で選べるんだ。好きなことが違って、得意なことが違って、いろんな人がいるからおもしろい。そんな開放性とゆるやかさがクラスのベースとしてある。空気圧がゆるいんだ。「だれと」、よりも「何を」が優先されている感じ。

　困ったら、困ったって言えるクラス。みんなのことをみんなで考えるクラス。
　うまくいかなかったり、対立が起きたり、そんなことは30人が一緒に暮らしていれば起きてあたりまえだ。そんなとき、一人で困らずに、「しゅうちゃんとケンカしちゃってるんだよね」と友だちに気楽に言える。「じゃあ、間に入って話を聴こうか？」って、友だちがサッと手助けしてくれる。お互いがお互いのファシリテーターな感じ。助けてもらった人も助けた人も嬉しい。

　クラスに問題が起きることもある。
「最近給食の配膳が遅くてさ、食べる時間が短くなってるんだよね」
「じゃあ、解決策をみんなで考えよう」

自分たちで考えて解決に向かっていく。時には、「両手で食器を運べば速く配れるかも！」なんて、ボクが横で聞いていて「おいおい！」なんて思う解決策が出ることもある。ボクも意見を言ったけど却下。でも大丈夫なんだ。何回か試したら、「手が滑ってこぼした―！これはダメだ。ほかの方法考えよう！」となった。先生もメンバーの一人だから解決策を子どもたちと一緒に考えていけばいい。失敗してもいいんだ。トライアルアンドエラーで自分たちで解決していくということを大切にしていきたい。

　「自分たちのクラスは自分たちでよくしていける」、これがクラスのベースだ。

　「イワセン、オレ読書燃えることにするわ」
　ある年の3学期のはじめ、りょうくんはボクに宣言した。1、2学期ほとんど読まなかった。しかし宣言通りグイッと読みはじめ、暇さえあれば読んでいるほど。いい本との出会いがあったようだ。「オレ、力ついたなー！」りょうくんは嬉しそうに小学校を卒業していった。

　そう、人の成長って長いスパンのことなんだ。ついついボクたちは1年というスパンで見てしまう。いまは助走のときだったり、ためている時期なのかもしれない。長い時間軸で成長を見ていく。チャレンジのタイミングは本人がもっている。自己選択・自己決定がクラスのなかにあることって大事なんだ。

　人って関係性の生き物だから、人との関係のなかで出てくる「自分」は違ってくる。引き出しあったり、つぶしあったり、隠したり、出し過ぎたり。

第4章　めざしたいクラスを探している「わたし」へ

　だから多様な関係性が広がっているかはとっても重要。
　ある年、わが家は高1娘が留学してしまい、小5の息子はいきなり長男となった。すると、いじける場面が目に見えて減り、「○○やっておいたよー」「○○やろうかー」と、頼もしい。年長娘との関係性も変わり、ケンカがうんと減った。人って関係性のなかで振るまいが変わる。
　だからこそ、いろいろな関係性のなかで暮らせるような子ども時代だといいな。クラスを超えて多様な関係のなかで、が理想だけれど、クラスのなかにも、30人もいるんだ。意外にその30人と何かを一緒にやってみたり、サポートしたりされたり、という経験はないものだ。たいていの場合、決まった数人と親密にしているだけだったりする。クラスのなかでの人間関係が流動的になれば、それだけでいろんなことが生まれる、と思う。

　そして、なにより楽しいこと。よく笑えること。自分らしくゆったりいられること。みんなが笑顔でいられること。
　あれこれ考えてきたけれど、簡単に言えば、
　「適度な一体感と適度なバラバラ感。空気圧のひくいコミュニティ」といえるだろうか。
　そのコミュニティのなかで、一人ひとりが成長を感じることができる。自分の成長に他者は

力を貸してくれるし、自分も貢献できる。
　それは人間関係の濃い薄いを超えて、そのコミュニティに所属する人たちがゆるやかにサポートしあえる。そんなコミュニティなら、ボクは過ごしやすいなあ。ここにいたいって思えそう。

　もともとは、ボクは一人でいるのが好きなタイプ。親密なチームみたいなものが割と苦手だ。それなのにクラスではそれを求め、そして教師の権威でそれを通せてしまう。よく考えると、とってもこわいことだ。

　いま、先生としてのボクは、子どもたちに、そんなコミュニティづくりをする力がある、ということを信じ、共に目指していく、というスタンスを大事にしていきたいと思っている。

　教室のオーナーである子どもたちはどう感じているだろう？ 子どもたちの振り返りジャーナルをのぞいてみると、こんなことが書いてあった。

「このクラスって、算数とか一見バラバラにやってるけど、わからないところを聞けたり、教えたり自由にできるし、差は少しあるかもしれないけれど、分かり度、みたいなのは、みんなまとまっているんじゃないかなあと思います。自分のペースでできるけど、助け合ってるみたいな」

「うちらのクラスって「見た目」がバラバラだけど、それは見た目。
　みんなが同じことしてても意味ないし、たしかに自分のしたいことをやっているとバラバラに見えるけれど、じつは何かあると助け合うじゃん。
　んで、みんなで同じことをしてるクラスは、何かあると知らんぷり、だったり」

「どちらかというとまとまってるってよりバラバラな感じ。
　それがわたしは好きだなあ。わたしはよく泣くけれど、だれかはよく笑う。
　わたしは笑いたくてもできない人だ。そこを相談できるのはよく笑う人なんじゃない？ だってそこをよく泣く人に相談したらさ、泣く人も笑えないんじゃない？ それぞれがいるから、それぞれのいいことを大切にできるから」

　うん、少しずつ、ボクたちは進んでいるみたいだ。
　一方、担任であるボクの影響力は強いから、思っている以上に子どもたちに影響を与えてし

まっていることに敏感でいたい。子どもたちは大人の意図に敏感だから、いまはボクの「クラスがゆるやかにという」メッセージをたんに敏感に"キャッチ"してくれているだけなのかもしれない。200日近くも一緒にいる担任。親よりも長い時間を一緒に過ごしている1年間。ボクの意図が大げさに言えば、それが直接「こうしろ！」というようなメッセージになってしまっていないか。もっというと、直接は言わずに、（もしかしたら知らずのうちに）暗にほのめかして、誘導してしまっていることがないか……。

　気をつけすぎてちょうどいいぐらいなのだと思う。

凝集性の向かう先

　小学校3年生のクラスに、1時間だけおじゃました日。
　先生ともふりかえりをし終えて、そろそろ帰ろうとしていると、そのクラスの数人が手紙を書いてもってきてくれました。その手紙には、楽しかったよ、ありがとう、また来てね、の後に、
「自分だけがとかじゃなくて、自分もみんなも楽しむってことが、わたしたちにもできるんだあって思ったんだ」と書いてありました。
　ぼくは、こういうことのためにPAのファシリテーターという仕事をしているんだなあと気づかせてくれる、忘れられない言葉になりました。

　その日の1時間のPAプログラムのはじめに、「みんなにとって居心地のいいクラスにするためにはどうしたらいいだろう？」と聞いてみました。クラスのなかに、いろいろな子同士が関わり合える関係性の網目があって、いつでも安心して自分自身でいられるような居心地の良さをイメージして。
　しかし、みんなきょとんとした顔で、「別に居心地わるくないよ？」とでも言いたげな沈黙が返ってきました。「友だちいるよー」「男子とはあんまり話さないけど困んない」「いつも一人でいる子はいるけど別にだれかがいじめているわけじゃないし……」そんな言葉が聞こえてきそうな沈黙です。その子たちの一人が、「わたしたちにもできるんだあ」と思ってくれたことが、すごく嬉しかったのです。

　クラスや自分自身に対して、「こんなもんだろう」「これくらいだろう」と思っている気持ちが、「もしかしたらもっとできるかもしれない」「ちょっとがんばったら、これぐらいになれるかもしれない」という気持ちに変わるような経験をすることは、PAプログラムの大切な役割だと思っています。普段なら関わらない人と関わってみること、普段考えないことを一歩踏み込んで考えてみること、普段ならやり過ごせてしまうことに向き合うこと。そのなかで、これくらいだろうと過小評価している、クラスや自分自身への期待値が上がること。PAプログラムのなかにはそんなチャンスがあるんだと、再確認した言葉でした。

　PAのプログラムが「クラスや自分自身に対する期待値を上げる」という場になることには、グループの「凝集性」が関わっているような気がしています。その「凝集性」に関係する、一つのモデルを紹介します。

第 4 章　めざしたいクラスを探している「わたし」へ

　PAではグループをみるときに、「グループの発達段階」というモデルを参考にします。これは、いまのグループがどんな状態で、ファシリテーターはどんな関わりをしたらいいだろう、と考える目安にするものです。

　まず初めはグループが生まれたばかりの段階。「このなかでうまくやっていけるかなあ」という不安を抱えながらも、関係をつくりはじめる時期です。そんな時期だから、まずは決まったことをやろうとするし、だれか先頭に立ってやってくれるような人がいたら、その人についていこうとする人が多いようです。みんながそれぞれにお互いを見計らっているか、何人かのふるまいにあまり疑問なくついて行っているような様子が見られます。フォーミング（形成）期と呼ばれています。

　だんだんと関係ができてくると、積極的な人に合わせていた人たちも自分の思いや、やりたいことが出てきます。だれかに決められたことをやることや、それまで周りに合わせようと我慢してきたこと、うまくいかないもやもやなどに耐えられなくなり、リーダーへの抵抗や反発がおこったり、だれかとだれかがぶつかり合ったりするようなことが起こります。ストーミング（嵐のようなぶつかり合い）期です。

　そんな反発や対立のフラストレーションを抱えた時期を乗り越えて、グループにはじんわりとお互いへの信頼感が生まれてきます。自分の感情を出したり失敗した自分を見せたりしても、大丈夫かもしれないという安心感が広がります。グループらしさがはっきりしてくるにつれ、その"グループらしさ"が一人ひとりの行動に影響を与えるようになります。そんなグループの規範がつくられる時期なので、ノーミング（規範形成）期と呼ばれます。

　そして、グループとしての力がみなぎる時期を迎えます。パフォーミング（グループとしてのピーク）期です。どのメンバーとも効果的に関わり合って課題に向かうことができます。課題によって、適材適所、いろいろな人が活躍するようになり、役割は固定されず、課題の達成に近道で向かえるような状態が続きます。

　グループは、この四つのステージを行ったり来たりしながら発達していく、と考えられています（グループの発達段階にはほかにも理論やモデルがありますが、PAではこのモデルを使っています）。この四つのステージは、共通の目標に向かって一緒に活動をするグループの発達をモデルにしたものです。最後の段階は、最もグループのパフォーマンスが高い段階だということになります。

　グループがたどるこのプロセスは、「凝集性」が高まるプロセスでもあります。「凝集性」とは、グループのなかにある引力のようなもので、そこにいる人たちをグループにぐーっと引き

つけるものです。そして、みんなを同じ方に引っ張るちからをもっています。だから、ノーミング期に見られるようにみんなを方向づけるような規範ができたり、同じ課題や目標に向かわせたりする原動力になります。
　そうやって、みんなで同じ課題や目標を目指し、スモールステップでそれを達成して、時どきうまくいかないことがありながらも、それを越えて大きな達成の喜びを分かち合う。グループの密度はぐんぐん高まっていく。そうやって、高まる凝集性に背中を押されて、普段関わらない人と関わったり、やらないことにチャレンジしたりするなかで、グループや自分自身に対する期待値は上がるのです。PAプログラムには、このプロセスがあります。

　でも、この発達段階はあくまで、「共通の目標に向かって一緒に活動をするグループ」のモデルです。そして、そんなグループのパフォーマンス（成果）は、「グループの課題や目標を達成すること」なのです。

これは、そのままクラスに置き換えられるものなのでしょうか。
　ぼくには、クラスが「共通の目標に向かって一緒に活動をするグループ」で、クラスのパフォーマンス（成果）は「クラスの課題や目標を達成すること」だとは思えないのです。

　クラスは、「一人ひとりの成長に向かって一緒に活動をする」グループです。
　クラスのパフォーマンス（成果）は、「一人ひとりが、それぞれの延長線上で伸びていくこと」です。

　グループのちからをうまく使って、普段関われない子同士が関わったり、普段は尻込みしてやらないことに挑戦できたりすることでクラスや自分自身への期待値が上がることは、クラスというグループにとっても大きな意味があるはずです。そして、「グループの発達段階」を知っていると、「集団ってまるで生き物のようにたえず変化していくものなんだ」とか「いま対立したりぶつかったりしていることは、グループが発達するうえで必要なプロセスなんだ」と思えます。
　しかし、「みんな団結！」「一体感のあるクラスになろうー」と、知らず知らずに凝集していくこと自体を目指してしまうと、「一人ひとりが、その人の延長線上で伸びていくこと」というクラスのパフォーマンス（成果）からは、こぼれるものが出てきてしまうのではないかと思います。
　「その人の延長線上で伸びていくこと」の矛先は、一人ひとり違います。そうやって、それぞれの方向に延びていこうとするちからを、クラスの引力が同じほうに同じほうにと引っ張ってしまうことがあるかもしれない、と思うのです。
　しかも、凝集性が高まることはついつい肯定されてしまいます。

　子ども時代のぼくは、クラスのなかで「みんなで一緒にやろうー！」と呼びかける側でした。そういうぼくにとっては、凝集していくプロセスって気持ちがいいのです。だんだんみんなが同じほうを向き同じ思いをもつようになって、少し根気がいることや難しいことでもやれてしまうような高揚感のなかで、「がんばっているぼくたち！」みたいな感覚。
　それが心地よい人ばかりではないということを知らずに、一生懸命に一体感を押し売りしていたような気がします。しかも、先生はそういう子どもに好意的だし、言っていることは正しいことなので、そのプロセスになじまない子がだんだん悪者扱いされていくようなことも…。
　自戒を込めて、「凝集することの気持ちよさ」にも自覚的でありたいなあと思っています。

　人が集まっているところには、凝集性の芽がたくさんあります。いいとか悪いとかではなくて、生まれるものなのだと思うのです。クラスの中も、もちろんそうです。そこでは、いろいろな出来事やいろいろな感情に反応して、散らばった凝集性の芽がそこここに育ちます。何人か

の小さなグループがいくつもできて、そのグループ同士がなかなか関わり合わないことって、よくありますよね。そうなる前に、一度「クラスを凝集させよう！」というのも、一つの作戦だと思います。

でも、その先に目指すのは「一人ひとりがその延長線上で伸びていくこと」です。自然なかたちでグループのつながりを深めていくプロセスは、PAプログラムの強みの一つです。そのグループのちからを手段にして、一人ひとりの成長を支えます。

クラスのなかにたくさんの関係性の網目があって、どこにいても安心して自分自身でいられるような居心地の良さ、クラスをいい方向にひっぱってくれる規範、そんなものをつくるために、手段としての凝集性は助けになってくれるはずです。

大事にしたいのは、クラスのつながり自体を目指すことなく、一人ひとりが個として自由でいられることです。近くにいるぼくたちが、クラスが凝集し続けていくことを願ってさえいなければ、ゆっくりと子どもたちはその引力から離れていけるはずです。

個人と集団がお互いに影響しあうふしぎな関係は、子ども時代も、大人になっても、ずっと続きます。ぼくはそのふしぎな関係のなかで、思い悩んだり、自分を知ったり、思ってもいない楽しい時間があったり、幸せな安心感に浸ったりしてきました。

ふしぎな関係の影響を受けないということはないのだけれど、子どもたちに、集団との関係のなかで自分が動かされてしまうことに慣れてほしくないと思うのです。

ある学校におじゃましましたとき、教室で会う斜めに構えた彼らと、部活で会うハキハキした彼ら、放課後に会って話す人懐っこい彼らのあまりの違いに驚いたことがありました。

凝集性に頼ってクラスをつくるということは、環境に依存する力を育てるということにつながるかもしれない。

居心地のいい集団のなかで、一人ひとりがいまの自分を大切にしながら、その自分自身の延長線上で伸びようとしている。

学校やクラスが、そんな場であってほしいなあと思います。

集団をみること、個を大切にすること

　クラスで大切にしたいことを共有したら、ボクはその運営を子どもたちに渡していきたい、と思う。

　大切にしたいこと、それは繰り返しになるけれど、「クラスをよくしていくのは、先生を含めたみんなの仕事」だということだ。先生の仕事だと思って先生ひとりだけががんばる、というのはやっぱり違う。凝集性を超えて、一人ひとりがその延長線上で伸びていける、居心地のいいクラスはみんなでつくっていく。だからボクたちは、まず子どもたちにちゃんとオーナーシップを渡していくことが大事なんだ。

　そこで回り道があったり、時には逆戻りがあったとしても、それもとっても大切な大切なプロセス。どんなことが起きてもそのプロセスに寄り添う覚悟、がボクたちは問われている。

　クラスのオーナーシップを子どもに預けようとしたとき、子どもたちは、ほんとうに自分たちに任せてくれているのかどうか、その本気度を見ている。大人の「こうしたい」が透けて見えてしまうと、子どもたちは、大人の意図を敏感に察知する。

　そしてそれを判断基準にしてしまうことがある。それは子どもに限らない。

　このクラスは自分たちでよくしていける。それを体験するには、あたりまえだけれど自分たちでクラスをつくっていくことが必要だ。ボクたちはちゃんとそこを子どもたちに渡していく。体験的に学べたら、きっとオトナになったときに、「この世界は自分たちでよくしていける」につながると思うんだ。

　だれかが準備してくれるんじゃない、だれかがよくしてくれるんじゃない、自分たちがよくしていくんだって。

　ある日の朝の会。

　朝の会はみんなのことをみんなで決める場。ボクは極力口を出さない、と決めている。たいていのトラブルはここで自分たちで解決してしまう。この日は、10時間でみんなで終わらせるだったはずの分数の単元が、まだ理解し切れていない、という議題が子どもたちから出た。詳述は紙面の都合上できないが、算数の学びも子どもたちが自分たちで進めている。

　ほんとうは今日がテストの日。

　あと2時間あれば、なんとかテストでも満足いく形になりそうじゃないか……と子どもたち。

あと2時間勉強の時間をとろう！という人が多勢だった。ところが「ほかのクラスは10時間で終わらせているのに、自分たちだけ2時間余分にもらうのは不公平じゃないか」という意見がある子からでた。「時間内にできなかったのは自分たちの責任だから」と。多勢は「でもわからないまま進むのは困るよね……」と困った様子。

　ボクから見ても、あと2時間は最低必要かなあと思っていた。でも「みんなのことはみんなできめる」。そっと見ておくことにした。できるだけ聞いていないフリをして。
　集団で全員が100％納得して意見を一本化することは難しい。（みんなで100％納得！と思いこむことは時に可能だけれど）それぞれの思いを聞くことはできるけれど、そのすべてを聞き入れて進むことも難しい。多数決にもしたくない。
　「○○の延長はおかしいという意見も聞いてあげたいけど、でももう少しやりたい。でも○○を責めてるみたいにしたくない。時間は取るけど2時間は取らないで1時間はとるでどうかな」
　「○○だけの意見を聞くとか、うちらだけの意見を聞くとか、そうはしたくない」
　なんとかみんなで落としどころを探していた。
　長く話し合った末、「業間休みは思いっきり遊び、昼休みはみんなで算数をやって、それでOKになったら5時間目テスト。無理そうなら勉強の時間にする」
　という結論に。AでもBでもない新しいCという意見がでてきた。
　これも自分たちで試行錯誤したからこそだ。
　「先生！ということに決まったから、そうするね」
　結局、昼休みでは終わらずに5時間目も算数になり、テストは延期。でもそうなったことにも満足そうだった。素直にすごいなあとボクは感じていた。口を出さなくてよかった、そう思った。この体験はきっとこれからにも生きていくだろう。

　子どもたちには力がある。これは確信をもって言うが、たいていのことは子どもたちはちゃんと自分たちでやっていける。だから、まずは子どもたちに任せる、クラスのオーナーは子どもたちだ、ということからボクたちはスタートしたい。

　では、ただたんに子どもに任せればよいのか？
　それについては、忘れられないエピソードがある。

　何年前になるだろう。子どもたちに任せる、という学級経営が機能してきた頃。凝集性もゆるやかに解消しはじめて、子どもたちが自然な姿で教室にいられるようになってきた頃。ボクもそんなクラスを、「いい感じだなあ」と思っていた。

第4章　めざしたいクラスを探している「わたし」へ

　クラスにトシくんという男の子がいた。
　ゲームが大好きで、教室ではその話で友だちと楽しそう。サッカーも好きで休み時間はボールをもって外に飛び出していく子のあとをついて行く。勉強は決して得意じゃないけれど、自分の居場所をみつけて、平和そうにクラスで暮らしていた。

　そんなトシくんは算数が苦手。テストではだいたい70点くらい。めちゃくちゃできるわけでもできないわけでもない。
　本人も「オレ、算数はダメなんだよなー」と気にとめてないように見える。
　居場所もありそうだし、流動的な子どもたちの関係性の中、そのうちやる気を出すかも。任せておこう。そんな風にボクは考えていた。

　そのころ、ボクは給食の配膳中に15分だけ「算数寺子屋」というのをやっていた。算数でわからないところを質問したり、家では集中できないから帰る前にちょこっと学校でやっていこう！という人たちが自由に参加できる場だ。
　トシくんは、最初関心も示さなかった。ボクもまあ、そんなもんだろうなあ、と思っていた。自由な場だからそれでいい。

　普段の算数の授業の様子を見ていると、どうやらトシくんはかけ算の筆算でひっかかっているらしいことがわかった。
　「今日の給食の時間、ちょっと寺子屋に来ない？」
　ボクはふと誘ってみた。「えー！」トシくんはこなかった。「いつでも来てね。待ってるよ」とだけ伝えた。まだ本人のなかでできるようになりたい！みたいな気持ちが芽生えていないのかなあ。

　何人かの子は寺子屋でバリバリ勉強しはじめていた。徐々に成果が出てくる子もでてきていた。トシくんはそれには興味がないものと、ボクは思い込んでいた。現状にそこそこ満足してる。まあそれでもよいか、正直言うと、そう思ってそのままにしていた。本人のチャレンジの気持ちが起きるのを待とう、そう自分を納得させていた。その頃の算数のテスト。トシくんは65点だった。トシくんはそれを隠すように小さくたたんでもって帰った。

　ある日の振り返りジャーナル。その日のテーマは、「いい先生の条件・悪い先生の条件」。なかなかおもしろい記述が並んでいた。そのなかで、トシくんのジャーナルが目にとまった。

> **いい先生**
> ・いろいろなことを見て助けてくれる先生。
> ・任せてくれる先生。

> **悪い先生**
> ・だれかが困っていても、ほおっておく先生。
> ・助けてくれない、ほおっておく先生。
> ・全部子どもまかせで、困っている人を見つけてもほおっておく先生。

　ボクはそのジャーナルから目が離せなかった。「ほおっておく」という言葉が3回。

　もしかしたら、トシくんは待っているんじゃないか。なかなか踏み出せない一歩を後押ししてくれることを。1年生から今日まで、何年も算数が苦手な自分はほおっておかれてる、って思っているんだ。ボクは言葉が出なかった。

　ボクは「ファシリテーターでありたい」と、できるだけプロセスに介入しない、子どもに任せる、というスタンスを大事にしてきていた。でも、ファシリテーターはいつでも基本的に介入しないという「やり方」は思い込みだったのかもしれない。そうやって、たくさん子どもたちの成長のチャンスの横を通り過ぎてしまっていたのかもしれない。エンドユーザーである子どもたちにとっていちばんいいのはなんだろう。その時どきによって、よりよいアプローチは違うはずだ。

　よし、今回はトシくんに個別に関わってみよう。ボクはトシくんのところに行って誠実に話した。

　「トシくん、算数さ、一緒にやってみようよ。いまできていないことは、ただたんにできていないってだけで、これからできるようになること、これからわかるようになることだよ。だから一緒にやってみよう。大丈夫。できるまでボク付き合う。99回わからなくても100回目にわかるかもしれない。苦手なことあってあたりまえ。間違えてあたりまえ。　だから一緒にやってみようよ」

　とても直接的な言葉だったと思う。ボクの決意でもあった。トシくんは、神妙に聞いていたけれど、とくに返事をすることもなかった。

第4章　めざしたいクラスを探している「わたし」へ

　その次の日の朝、トシくんはボクのところにやってきた。
「イワセン、今日の給食の時間、かけ算のわからないところ教えてくれる？」
　その日から、トシくんは、毎日毎日、算数寺子屋にやってきた。

　ボクも一生懸命教えた。何をやればよいか、一生懸命考えて15分を過ごした。トシくんにつられるように、毎日数人が寺子屋に来てがんばっていた。もちろん全然つられずにいる人たちもたくさん。読書をしたり、おしゃべりしたり。
「トシくんーがんばれよー！」なんて声をかけてくれる人もいる。
　教室がそんな感じでゆるやかだったからこそ、ボクが個別に関わっても、それは自然のこと、として受け取られていたんだと思う。

　トシくんは給食を急いで食べ終えて、プリントに取り組むこともあった。
　そんなとき、なぜか同じ班の算数大得意、ナオちゃんも、「わたしも、いま手強い問題あるんだよねー」なんて言いながら、隣に来て算数をはじめた。

苦手にチャレンジしているトシくんと、さらに先の難しい問題にチャレンジしているナオちゃんが隣同士で算数に取り組んでいる。言葉を交わすわけではなく、二人で黙々と。何も言わずに伴走するナオちゃんはすごい。

　ボクは「任せる」といって見えていなかったこと、通り過ぎてきたこと、こぼしてきたことがたくさんあったんだと思う。
　時には、ナオちゃんのように、隣を伴走してもいいんだ。
　もちろん、いま、全部ができるようにならなくていい。何年もしてからわかるときが来るのもあるだろうし、できないままでもOKなことだってある。スピードは人によって違う。日本の学校は年齢での輪切りでやり直しにくいシステムになっているから、ゆっくりの人は結構しんどい思いをする。その子たちが自分に自信を失うのではなく、「ああ、やればできるようになるし、これからも時間かかるかもしれないけれどできるようになりそうだな」と自分へのポジティブな予測をもって生きていけるために。
　時には、個別に寄り添うことだって選択肢のなかにある。
　そんな大事なことをすっかり忘れていた。

　3週間経ち、確実に成果が見えてきた。授業でもわかることが増えてきていた。
「イワセン、このプリントもう1回家でやってくるね」
「この問題がわかんないんだよね。もう1回説明してくれる？」
　トシくんは、自分からいろいろ提案するようになってきた。
　4週目にはトシくんは、寺子屋にはほとんど来なくなった。
　授業中に、友だちにどんどん積極的に質問にいくようになり、授業のなかでわからないことが解決できるようになってきたからだ。ボクの出番がなくなっていった。
　ああ、もう任せて平気だな。ボクはそう思った。

　その頃のジャーナルにはこんな言葉が書かれていた。

「イワセン、いまの算数はいい感じ。算数おもしろいね！　とくに、いまは、ナオちゃんにいろいろ聞いてます。ナオちゃんとやると集中できるし、説明がわかりやすいから、どんどん頭に入ってきてます。オレは、わかるまで人にどんどん聞いて進んでいきたいです。にげないで本気でねばります！」

　それからのトシくんは、なんというかとてもたくましくなっていった。自分のなかに「やれば

できるようになる」という確信を得たようだ。テストで100点をとったときは「オレ、初めての100点」と小さな声でつぶやいた。
　学びのなかでトシくんは自分の力に気づき、友だちとの新しい関係を築いていった。

　たとえば1年間のなかで、自分の強みを活かして「おれはここで活躍できる。人に貢献できる」という体験。自分の「苦手」だと思っていたこと「できない」と思っていたことにチャレンジして、「やればできるようになる」という体験。そのなかで、自分の未来への可能性（伸びようとする高さ）が変わり、自己概念がポジティブに変化していく。たとえばトシくんは算数で自分の未来への可能性が変わったんだと思う。「ああ、やればかわるんだ」「自分ってなかなかやるなあ」と自分で思えること。トシくんだけではない。クラスの一人ひとりがそんなチャンスを待っている。そのためにボクたちの仕事はある。そして一人ひとりの成長のストーリーが、クラスの人数分、教室のなかに織物のように重なっていく。
　その結果として、クラスはある。そのためにクラスがある。その意味で、クラスというのは、一人ひとりの成長のための豊かな土壌なんだ。
　苦手だけれど、ちょっとさかのぼってでもやり直そうと一歩踏み出すには、それを「いいことだ!」と思えるコミュニティが必要。精神的にも技術的にも支えてくれる、友だちや大人。困ったときには「助けて」といえる。人間関係の濃い薄いを超えてその声を受け止められる。自分の進歩が自分でわかること。進歩を喜んでくれる友だち、大人。安心できる環境だからこそ、一歩踏み出せる。その一歩が出ないときは、ボクたちが時には背中を押したっていい。そこに正解はない。トシくんはそんなことをボクに考えさせてくれた。

　ボクはそれから、一人ひとりを以前よりもずっとずっと丁寧にみるようになった。任せることをベースに、でも「任せる」のか「関わる」のかは二者択一ではない。一人ひとりにとってなにが大切なのか、そこを踏まえたうえで、クラスという場で何ができるのか、いつでも戻るのはそこだ。

　いま、教室で試行錯誤してることが、20年後の社会にどう活かされているのか、そのイメージをずっと探りつつ、右往左往しつつ、行きつ戻りつしながら、子どもたちと共に進んでいく、それがボクたちの仕事かもしれない。

　でも、学校がすべてじゃないってことを知っておきたいなあって思う。

　「学校って?」「先生って?」「子どもにいいことって?」

マジメにボクたちはここまで考えてきたけれど、でもちょっと待てよっていうのも大事かな。

半分本気で考えて、半分うそんきみたいな。
ちがうな。
半分は見ていて、半分は見ていなくていい。
半分は意図で、半分は偶然。
みたいな。

何が「効果的」で、何が「効果がない」のかなんて、究極のところはわからないし、時と場合による、よね。

ボクが子どものころ。
禁止されていたゲームセンターにこっそり友だちと行き、なけなしの50円で、ずっとやりたかった「ムーンクレスタ」というゲームをやったんだけど、1分で終わってしまって、途方に暮れたこと。
家に帰って「ナオキどこにいってたの？」と聞かれ、半端なくドキッとしたこと。

同級生のたまきちゃんの笑顔が好きだったこと。
ともおみくんたちと市営住宅の物置でこっそり犬を飼って、家から牛乳をこっそりもち出したこと。
ビー玉でごっそり友だちから勝ち取って、この世の春を感じたこと。
家で言うと「返しなさい」と言われるから黙っていたこと。
川に釣りに行ったこと。
半日やったけど1匹も釣れずに二度とやるかとおもったこと。
「動くロボットを創りたい！」とけいごくんとがらくたをもち寄ってチャレンジしたものの、もちろん動かなかったので、飽きて野球をすることにしたこと。

そんな、オトナの意図とは離れた、なんてことない日常のできごとが、いまのボクの一部分を間違いなくつくっている。

ほおっておいても子は育つ。
それは「ほったらかしにしておく」ということではなく、
半分は見ていて気にしていたり、

少なくとも「気にかけている」んだけれど、
もう半分は、子どもたちの試行錯誤に任せている、みたいな感じ。

そういう、
「まあ、結局のところ、思ったようにはならないんだし、オトナの知らないところでいろいろ学んでるんだよな」
「学校がすべてじゃないしね」
みたいなしなやかさはもっていたいな、と思う。

第5章
「やり方」か「あり方」か、悩んでいる「わたし」へ

やり方が先か、あり方が先か

　ここまで、文章やワークを通して、自分の考え方やあり方についてじっくり見つめてきました。あらためてこんな問いについて考えてみましょう。

　では「あり方」のほうが大事なのか？それとも「やり方」のほうが大事なのか？

　よく聞かれる質問です。
　「やり方」は手法のことなので、汎用性があります。
　やってみたいと思っただれもがやれるようになっている。だから、いろんな人がやってみることができます。

　これはとっても大事なことです。
　たとえばパンのつくり方は「やり方」として書かれているからこそ、つくってみたい、という人はつくってみることができる。プロジェクトアドベンチャーや、ボクが提案している「信頼ベースの学級ファシリテーション」もそうです。

　ああ、やり方は大事だ。
　でもそれに危惧の声も聞こえてきます。
　「やり方を真似すればよい実践ができるのか？」
　「やり方以前にあり方がなければうまくいかないのではないか？」

　うーん、それももっとも。
　やっぱりあり方のほうが大事か。ここまでじっくり考えてくるとそう思ってしまいますよね。

でもこれは問い方のマジックです。どちらかと聞かれると、つい人はどっちだろう、と考えてしまいます。教育学者の苫野一徳さんは、問い方のマジックを、「あちらとこちら、どちらが正しいか？」と言われると、思わずどちらかが正しいのではないかと思ってしまうこと、と定義していますが、ボクたちがついつい陥ってしまうワナです。

　やり方が大事？　あり方が大事？
　ボクもかなりずいぶんと悩んできた問いでもありました。
　とくにここ数年はいろいろな手法を提案するようになり、より考えるようになった問いでもあります。

　でもどっちか、なんてことないんですよね。どっちも大事だからこそ、

　「やり方」によりすぎて、その背後にある「考え方」や自分の「あり方」についてあまり深めていないのではないか？
　とか、
　「考え方」や「あり方」にばかり意識がいきすぎていて、肝心の「やり方」がないがしろになっていないか。
　と、ボクは考えるようにしています。
　あり方を考えつつ、やり方を学んでいくことも、やりながらあり方をとらえていくことも大切だと思っていますが、ボク自身は何かにピンときたら、とりあえず徹底的に「やって」みる派です。

　プロジェクトアドベンチャーに出会ったときも、「何かをつかめるまで徹底的にやり尽くそう！」と自分のなかでの優先順位を上げ、クラスでどんどん実践してみたり、本を読んだり、研修会に参加したりと数年、PAにどっぷりつかりました。

　30歳過ぎぐらいのときに同僚にこう皮肉られたことがあります。
　「岩瀬さんは、ホント、節操がないくらい徹底的にやってみるよね」
　でもこれは言い得て妙でした。皮肉だったのに、ボクは納得。ほめられた気分です。そう、ボクはずっとそうしてきたのです。まずは提案されているものの「やり方」を徹底的にやってみる。学んでみる。うまくいかないことがあれば、「どうすればよりよくなるだろう？」と振り返って試行錯誤してみる。ボクはそうやって、実践を通して、子どもたちの姿を通して、自分の成長を通して、

「ああ、もう学びきった！」と実感がもてるまでやり続けてきました。

　おもしろいもので、そうやってくると、いつのまにか、そのやり方の奥にある本質＝「考え方」みたいなものが見えてきます。
　その「考え方」にたどりつく前に次に進んでしまうのはボクはもったいないと感じています（正直に告白すれば、ボクはPAに出会って1年くらいは「ああ、楽しいゲームだ！」としか思っていませんでした……そこで、撤退しないでほんとうによかったと思っています）。

　自分のアンテナに引っかかった、ある一つの「やり方」にチャレンジしはじめた。最初は子どもたちも意欲的で、いい感じに実践できていたのだけれど、その熱も徐々に冷めてきて、なんだか最初のような「いい感じ」じゃなくなってくる。先生は焦ります。「うまくいかないなあ、何か新しいことをはじめなくちゃ」。
　そして、次の新しい「やり方」をもってきます。また最初はいい感じ！でも徐々にその熱も収束しはじめるので、また新しい「やり方」をもってくる……。
　「やり方」のうまくいかなさで、つぎの「やり方」でパッチを当てる。ボクたちはそうしてしまいがちです。

　でもそれじゃあもったいない、とボクは思います。
　なぜうまくいかなかったのだろう。子どもたちはどう感じているだろう？
　どうすればよりよくなるだろう。なんのためにこんな「やり方」が生まれたんだろう。この「やり方」が目指していることってなんだろう。そんなことを振り返りつつ、とにかくじっくりその「やり方」と格闘してみる。続けているうちに、子どもたちやクラス、自分が変化しはじめてくる。そして「考え方」が見えてきはじめます。

　本質＝「考え方」が見えてくると、「やり方」にアレンジが加えられるようになります。状況に応じて、目の前の子どもたちに応じて、自分なりの「やり方」がつくれるようになってくるはずです。

　そうやって試行錯誤を続けていくと、いくつかの自分がやっていることの「考え方の共通点」みたいなものが自分のなかに浮かび上がってきます。
　ボクが実践を続けている、PAも、信頼ベースの学級ファシリテーションも、ライティングワークショップも……など。
　すべてが自分のなかでつながってくるのです。

第 5 章 「やり方」か「あり方」か、悩んでいる「わたし」へ

　その試行錯誤のプロセスのなかで、もしかしたら自分の「あり方」みたいなものが育ってくるのかもしれません。

　だから、「やり方」を絶対視するのはダメ、だと考えています。
　やってみている最中に、
　「ん？　なんか違う気がするな」
　という、小さな違和感を見つけたら。そこがとてつもなく重要なんだと思います。そこを丁寧に掘り下げていく。
　その先に、自分が大切にしたいこと、自分がもっと成長するための「種」があるはずです。「このやり方は完成されているものだから」と思考停止することなく、そういう小さな違和感に敏感になること。
　ここまでのワークで考えてきたわたしの「あり方」と、いまの自分の「やり方」とがずれている、と気づいたら、撤退することも大事です。
　と、こんなふうに、「やり方」から迫ることだってできます。
　「やり方」の本があるからこそ、ボクたちはいろいろなことを試してみることができます。そこで、あえてボクたちはこの本で、ずいぶんと「あり方」を考えてきました。でもどっちが先かではなく、両側からじわじわとせまってみる。そこから、「わたしはどんな先生になりたいのか」「わたしはどんな先生になれるのか？」の、いまのわたしからはじまる、「わたしなりの回答」がみえてくるのではないかと思うのです。

　でもね。
　いつもいつも、そこまで深く考えなくてもいいんです。いつも「何かのために」ではなくて単純に楽しかったり、のんびりできるのもステキです。

　夏に、子どもたちと水鉄砲合戦をしたり、お笑い大会やって笑ったり、「今日のミッションは体育館に移動するまでだれにも見つからずに忍者のようにたどり着くことだ」とかいいながら、そろりそろりと体育館に向かったり。ドッチボールでムキになって子どもにぶつけて「イワセン、大人げない！」と責められたり。天気のいい日に、校庭の遊具やグラウンドの真んなかで寝転んでゆったりと本を読んだり。

　子どもたちと一緒に笑う。一緒にのんびりする。一緒に遊ぶ。
　そんな何気ない日常こそ、ボクたちは大切にしていきたいなあとも思うのです。
　子ども時代ってそういうものだと思います。

忘れちゃいけないこと。ボクが自分にいつも言い聞かせていること。それは、
「エンドユーザーは一人ひとりの子ども」であるということです。

　一人ひとりにとって、いまのわたしはどうだろうか。今のクラスはどうだろうか。
教室のすみに座っているあの子は、この学校で幸せな子ども時代を送れているだろうか。

ボクたちは日々子どもたちと一緒にクラスにいます。
これからもボクたちはたくさんの壁にぶつかり、たくさんの失敗をし、たくさん悩むと思うんです。
でも、「クラスをよくしていくのは、先生を含めたみんなの仕事」。
先生一人で悩んだりすることはないんだと思います。
クラスの一員として、ちょっと肩の力を抜いて、ボクにできることを積み重ねてきたい、そう思っています。

手法の「やり方」「考え方」と、わたしの「あり方」

「PAは考え方です」「PA＝アクティビティ、ではありません」
という言い方をすることがあります。それ自体はまったくその通りだし、そんなふうに伝わっていけばいいなあと願っています。

しかし、そう言いきってしまうことに、少しだけ違和感があります。その違和感の一つは、PAを知って取り組みはじめたばかりの人に、「PAは考え方です」という言い方が勇気になると思えないからです。何かとても遠くの、手の届かないところにあるものという印象になってしまわないでしょうか。

もう一つは、「じゃあ何をやるかはそんなに大事なことではないのか」という疑問が残るからです。アクティビティをやらなくてもPAの考え方が染みわたっている実践や、そんなクラスにおじゃますると、「こういうことを伝えていきたい」と強く思います。でも、自分の実践に上手くとりいれられないという悩みを聞くにつけ、何をやるか、どんなふうにやるか、ということも同じように大事なことなのではないかとも思うのです。

そして、PAの「やり方」や「考え方」が伝わって実践されることだけがゴールなのではなく、一人ひとりの先生が手法を越えて自分の「あり方」を見つめ、その延長線上で成長していけることを目指したいのです。

手法の「やり方」と「考え方」、そしてその手法を使う自分の「あり方」ってなんだろう。それは、どんなふうに関係し合っているのだろう。そんなことが、ちょっとでも見えてきたらうれしいです。

PAプログラムでは、ビーイングというものを使いながら活動を進めることがあります。ビーイングとは、自分たちのクラスやグループにとって必要な規範や指針を自分たちで考えて、行動に移しながら育てていくための「やり方」です。そしてそれは、プロジェクトアドベンチャーの中心的な「考え方」であるフルバリューコントラクトを実践するための「やり方」です。

ある中学1年生のクラスで、PAプログラムを行った時のことです。そのクラスには、4月に決めたいくつかのクラス目標がありました。その目標は、子どもたちが話し合って決めたものということだったので、そのクラス目標に向かっていくためのビーイングをつくることにしました。

そのクラスには、プログラムがはじまったときから気になっていた男の子がいました。その

子は、いつも少しだけほかの子たちから離れていて関わりをもとうとせず、自ら壁をつくっているように見えました。でも不思議と、まったく参加せずにその場から離れてしまう、ということもありませんでした。その男の子に対して、どう接していいのかわからないという様子の子もいれば、あきれて関わらないという子もいるようでした。

　そのクラス目標のなかに「一人をつくらない」というものがありました。その目標に対するビーイングをつくろうと提案し、3、4人に分かれて「一人をつくらない」という目標のために、「こうしていこう」ということと、「こういうことはしないでおこう」ということを書きだしていきました。その男の子は、ペンをもつことなく、輪から少し離れて座っていました。周りの子たちからは、「いつも一緒にいるグループだけだと、かたまっちゃうよね」「声をかける、って大切じゃない？」「声かけるためには、みんなのことよく見てないと、だよね」などという声が聞こえます。

　ぼくは近くに行って、その男の子に声をかけました。

　「もし、『一人をつくらない』ってことに何か思っていることとか考えていることがあったら、何でもいいから書いてみて」

第 5 章 「やり方」か「あり方」か、悩んでいる「わたし」へ

　その子は何も言わずにうつむいていました。しばらく様子をみていると、ペンをとって何かを書いているようでした。

　それぞれが書き出したことを模造紙に書き写し、その模造紙をみんなで確認する時間。人数が多かったため、ぼくが言葉をひろったり、意味を確認したりするような形で進めていきました。
「『同じグループばかりでかたまらない』、って、何人か書いてるねー」
「『声をかける』かあ。その横に矢印を引いて、『みんなのことをよく見る』って書いてあるのは、声をかけるためには、みんなのことをよく見ることが必要ってこと？」
「『人によって変えない』ってどういう意味か、もう少し聞かせてもらえない？」

　そのなかに、他の言葉に隠れるように小さい文字で書かれた言葉をみつけました。ぼくは、あの男の子が書いたのだろうと思いました。その子の受け入れられ方を考えると、ここで取り上げていいものか、正直迷いました。しかし、その子が自分の気持ちをみんなのビーイングに書き出したという事実を信じて、クラスに問いかけてみることにしました。

「『一人でもいいと思う』って書いてあるね」

　何人かの子たちから、ためいきめいたものが聞こえたのがわかりました。「どーせまたあいつでしょ」というムードが、一瞬ふわっとクラスを包みました。
「この言葉がどうこうではなくて、他の人が言っていないことを言うのって勇気がいる。こうやって書いてくれてすごくありがたいと思うなあ」と話した後、クラスのみんなに聞いてみました。
「『一人をつくらない』という言葉と『一人でもいいと思う』という言葉って、言葉だけを聞くと反対の意味のようにも思えるよね。みんなはどう思う？」
「どういう時とか、どういう場面とか、どんなふうにとか、『一人をつくらない』ということと『一人でもいい』っていうことを、自分の気持ちと言葉で考えてみて」と言って、一人ひとりで考える時間をとりました。「一人をつくらない」ということと「一人でもいいと思う」ということの意味を、みんなが考えて言葉にする時間でした。
　もちろん、この場面で何か答えがでたり、みんながすっきりしたりすることはありませんでした。男の子が言った「一人でもいいと思う」という言葉が、抵抗なのか、強がりなのか、本心なのか、ほんとうのところはわかりません。でも、みんなが見える場所に出してくれたおかげで、みんなで考えることができました。

ぼくは、みんなが難しいと思っていることとか、言いにくいと思っていることは、みんなが見える明るい場所で取り扱いたいと思っています。そうしないと、どんどん見えないところに押し込められていきます。フルバリューコントラクトとは、そうやってみんなが関わって、みんなの責任のなかでつくりあげるものです。そしてビーイングは、「わたしたちの」フルバリューコントラクトをつくりあげることを助けてくれる「やり方」です。

　先のエピソードのなかで、「一人にしない」ということを大事にしすぎて、自分の感情ややりたいことを出せない空気をつくってしまうこともあるかもしれません。基本的には一人でいるということが好きな子もいるかもしれません。そうやって、みんな少しずつ感じ方が違っているから、答えがないのは当然です。答えがないからこそ、普段から言葉を使って一人ひとりの捉えをすり合わせ、実際の出来事とビーイングの言葉を行ったり来たりしながら、「わたしたち」のフルバリューコントラクトを積み上げていくのです。

　「あいさつをする」「時間を守る」「しっかり話を聞く」など、先生が子どもたちに守らせたいと思っていることばかりが書かれているようなビーイングを目にすることもあります。
　クラスの一人として先生がビーイングに参加することが、意味をもつこともあります。しかし、先生の影響力は大きいもので、先生の意図や願いが言葉となって、子どもたちの口から出ていることもあるかもしれません。そして、だんだんビーイングが、守るべきルールが書かれたお説教の道具に変わっていきます。
　そうなってしまうと、「やり方」としてのビーイングと「考え方」としてのフルバリューコントラクトが少しずつ離れていってしまいます。そして、「考え方」と切り離された「やり方」は、だんだんとうまくいかなくなっていきます。

　「やり方」とは、具体的な方法や手順のことです。
　シンプルでわかりやすい手順が決まっている「やり方」のある手法は、「ちょっとやってみようかな」と思えます。深く理解していなくても、まずは手順通りにやってみることができます。そして、よくできた「やり方」は、手順通りにやることを繰り返していくなかで、だんだんとコツのようなものが伝わっていくものです。

　だから、自分にはうまくできないのではないかと思い悩まずに、まずはその「やり方」を試してみるといいのではないかと思います。やってみるとわかることがたくさんあります。次にこうやってみたい、ということもみつかるかもしれません。そのなかで、何か引っかかること、もっと深めたいと思えることを見逃さずに、次の実践につなげてゆけばよいのです。

しかし、その「やり方」がうまくいかないこともあります。そういうときに、目の前の子どもたちに合わせて、手順を少し変えたり方法を工夫したりしようとしても、なかなかうまくいきません。そんな時には、ついついその「やり方」のことをよく知っている人に、「こういうときはどうしたらいいですか？」と一問一答の質問をしてしまったりします。もしくは、「このやり方はうまくいかない」と、また別の「やり方」を探してしまったりします。

　「やり方」にはその土台になる「考え方」があります。
　「考え方」を理解していれば、対象に合わせて手順を少し変えたり方法を工夫したり、ということができるようになります。「考え方」さえずれていなければ「やり方」は変わってよいのだ、とも言えます。何かを足したり削ったり、いままで自分がやってきたこととつなぎ合わせたり、新しい「やり方」をみつけたりすることもできるかもしれません。ここは変えてはいけないな、というキモもわかってきます。

　手法の「やり方」と「考え方」は、両輪です。「やり方」だけでは、取り組みやすいけれど、その「やり方」の柵をちょっとでも出てしまうと、応用できなくなります。「考え方」だけでは、なかなかとっかかりがつかめません。最初の一歩目が踏み出せずに足踏みして、あきらめてしまうかもしれません。「やり方」を繰り返し、悩みながら、手順通りにやっていたものを自分ものにする過程で、その「考え方」の捉えも変わっていきます。「やり方」と「考え方」を何度も行き来することで、だれかの魅力的な「やり方」と「考え方」が、自分の経験と自分の言葉に置き換わっていくのです。

　プロジェクトアドベンチャー（PA）は、たくさんある教育手法の一つです。
　ほかの手法と同じように、そこには「やり方」と「考え方」があります。手法によってそのバランスは違いますが、どちらか片方だけということはありません。
　そして、その手法と手法を使う自分自身の「あり方」はつながっています。フルバリューコントラクトという「考え方」とビーイングという「やり方」は、ぼく自身の「あり方」を通して、目の前の人に届きます。切り離すことはできないのです。

　ある人に「受容するって、楽なときあるよね」と言われたことがあります。その言葉は、まったく、ぼくに向けられた言葉でした。人のことを受け入れるというのは、多くの人にとって、そうありたいけどなかなか難しいと思えることかもしれません。しかし、ぼくにとっては「受け入れる」こと自体の難しさよりも、受容することで何かをうやむやにしたり、向き合うことを避けたりすることに、ひっかかりを感じてきました。受け入れることに対する努力はできる。形だ

けではない受容を大切にしている。でも、そうやって受け入れることに隠れて、避けていること、逃げているものがあるんだろうな、と思っていたのです。そのことを、「受容するって、楽な時あるよね」という言葉で、言い当てられたような気がしました。

そうやって、受容するということに迷うぼくが、フルバリューというものを語るとき、それはぼくのあり方に包まれた考え方になります。同じ「やり方」「考え方」でも、それを使う人の「あり方」によって、その形は大きく変わるのです。

決まりきったやり方ではなく、小難しい考え方でもなく、理想論のようなあり方でもない。わたし自身の「あり方」の足元にたって、「やり方」の中から見えてくるものを「考え方」と照らし合わせ、またわたしの「あり方」に戻してみる。そしてまた、次の「やり方」の一歩を踏み出す。そういうことの繰り返しがわたしの実践をつくるのだと思います。

この本には、プロジェクトアドベンチャーの「やり方」は書いていません。
けれど、プロジェクトアドベンチャーの本だ、と自信をもって届けることができます。
いくつかのワーク（体験）を通して、自分の「あり方」を考えるなかで、何らかのPAらしさのようなものが伝わるはずだと思えるからです。
そしてそういうところが、何か決まった「やり方」をつくるのではなく、できるだけ使う人の自由度を保ちながら、その場で起こることを大切にしてきた、PAを表しているように思うのです。

おわりに　先生もまた学び手である

　ボクが先生として大切にしていることの大きな一つ。
　それは、「ボク自身が学び手であることを楽しんでいる」ということです。

　理科の天気の授業のデザインを考えていたときのことです。
　まずボクは子どもたちと同じ「学習者」視点に意識して立ってみます。「ボクも雲のこと全然知らないなあ」と考えるわけです。そこで子どもたちと一緒に校庭で寝っ転がって雲を観察することに。なんと10分ぐらいで空から消えてなくなる雲ががあることに気づきました。知らなかった！　なぜ？　不思議。

　「イワセン。わたしね、家でよく窓から雲見るんだけど、形変わるだけじゃなくてよく消えるんだよー！」とユイちゃんが話しかけてきました。
　「毎日見ているはずなのに、こんなにちゃんと雲見たのはじめて!」とタロウくん。「雲が消えたっていうことは、あそこは雨になって降っちゃったってこと？」
　「雲ってどうやってできるの？」予想以上に子どもたちは興味をもちました。
　ボクもワクワクしてきます。子どもたちもきっと調べたくなっているに違いない。よし、帰りに市立図書館に寄って、雲や天気関連の本をたくさん借りてこよう。と先生モードに戻ってメモ。
　そう思いながら外に出るときれいな夕焼け空。「あー雲ってきれいだなあ」。昨日と空が違って見えます。ああ、きっと子どもたちも帰り道の空の見え方が違ってくるんだろうな。

　次の日、子どもたちは早速パソコンで調べた資料をもってきます。「お母さんに買ってもらった！」と天気の本をもってくる人も。ボクもたくさんの本をもち込み、子どもたちと一緒に雲のでき方を調べはじめたのでした。
　同時に、ボクは職員室で「雲ってつくれないのかなあ」と同僚と相談しはじめていました。すると学年の先生が「調べてみたらつくれるみたいです」となんと雲発生装置を購入。早速実験です。
　「うわ！　できた!!」職員室の先生たちに「見てくださいよー」と声をかけて披露します。「すごーい！」
　子どもたちとどうやって共有しようか。見せるタイミング大事だよねえ、授業のゴール決めてプログラムつくってみよう。そんなことをワイワイ相談します。

結局ボクにとって、子どもたちと同じ「ワクワクした学び手であり続けること」が、この仕事のいちばんのおもしろいところだと感じているのです。

　子どもと一緒に新しいことを知ったり学んだりすることで、大げさに言えば世界の見え方が変わっていく。それが先生としていちばん大切にしていることかもしれません。

　「いま」って、いつも「暫定的である」とボクは考えています。
　うまくいっていると感じていることも、うまくいかないと感じていることも、
　もっともっとよりよくなるかもしれない。そのために、もっといろいろ学んでみたい。
　子どもたちと未知の世界へ知的なアドベンチャーを続ける。
　先生ってほんとうにおもしろい仕事だなあと思うのです。

関連書籍リスト

【プロジェクトアドベンチャージャパン関連書籍】

『グループのちからを生かす――成長を支えるグループづくり』
みくに出版
PAについての概略が分かりやすい本。PAJトレーナー執筆。アクティビティ30個の説明付。

『クラスのちからを生かす――教室で実践するプロジェクトアドベンチャー』
みくに出版
PAJトレーナー執筆本第2弾。本書の著者寺中が4章を担当。PAをクラスで生かすための方法をご紹介。
ビーイングのやり方、アクティビティ17個の説明付。

『子どもたちが主役！ プロジェクトアドベンチャーでつくるとっても楽しいクラス』
岩瀬直樹・甲斐﨑博史・伊垣尚人著、PAJ監修、学事出版
本書の著者・岩瀬が1章を担当、寺中、阿部も監修スタッフとして関わる。
4月のクラス開きから詳しいアクティビティのやり方付きで紹介。クラスのオーナーシップについてなど。

※その他、『アドベンチャーグループカウンセリングの実践』『対立がちからに』など、PA, Inc.（アメリカ本部）の書籍の翻訳本も出版しています。

【岩瀬直樹著書】

『最高のクラスのつくり方』
小学館
岩瀬のクラスの6年生の子どもたちが「どうすれば最高のクラスをつくれるか？」を考え、説明書にしたものを元につくった絵本。

『クラスづくりの極意』
農山漁村文化協会（農文協）
岩瀬の実践をまとめた本。写真も満載。

『信頼ベースの学級ファシリテーション①②③』
解放出版社
ファシリテーションは技術。練習すればだれでもできるようになるし、
信頼ベースのクラスを子どもたちと共につくっていけるようになる。

あとがき

執筆をすすめるうえで、その著書からたくさんの示唆や刺激をいただいた、熊本大学の苫野一徳さんには、完成した文章の最初の読者になっていただきました。

早稲田大学の河村茂雄さんには、本文中のワークに、質問紙の使用をご快諾いただき、わたしたちの思い込みについて考えるきっかけをくださいました。

イラストは、どうしてもお願いをしたかった、荻上由紀子さんに描いていただきました。わたしたちの思いを熱心に聞いてくださり、わたしたちの願う子ども達の姿を描きおこしてくださいました。

そして、まだ何のかたちもなさないなか、押しかけるように本書の編集をお願いした旬報社の田辺直正さんには、わたしたちの思いが文章というかたちになるまで辛抱強く、あたたかく、見守っていただきました。田辺さんのおかげで、筆者自身も想像していなかったものが生まれました。

たくさんの方に支えられて、本書ができあがりました。ありがとうございました。

執筆の過程には大きな生みの苦しみを伴いましたが、いま思えば、みんなで集まって、ああだこうだと話す時間が待ち遠しいほどに楽しかったことが思い出されます。

「学ぶこと」って、楽しくていいんです。
悩みも矛盾もまるごと楽しみながら、これからも一緒に歩みを進めていきましょう。

2014年8月
著者一同

＊本文中の子どもの名前は仮名です。エピソードは実際の出来事をベースにしたフィクションです。

【著者紹介】
岩瀬直樹（いわせ・なおき）
1970年北海道出身。埼玉県小学校教諭、東京学芸大学大学院教育学研究科教育実践創成講座准教授を経て、軽井沢風越学園の校長および軽井沢風越幼稚園の園長を兼任。新しい学校づくりを楽しんでいます！
［メール］naoki.iwase @gmail.com
［ブログ］https://iwasen.hatenablog.com/

寺中祥吾（てらなか・しょうご）
1984年長崎県出身。プロジェクトアドベンチャージャパン、流通経済大学助教を経て、2020年度より軽井沢風越学園に参画。「大人も子どもも学び続ける」場所を目指して、学校づくりに取り組んでいます。
［メール］s.teranaka518@gmail.com

寺中有希（てらなか・ゆき）【ワーク・編集担当】
1975年東京都出身。自由の森学園卒業。プロジェクトアドベンチャージャパンスタッフとして、PA関連の書籍の企画、翻訳に携わる。PAJにて販売している「しるらないカード」のイラストを担当。

【監修者紹介】
プロジェクトアドベンチャージャパン（PAJ）
1995年、設立（代表・林壽夫）。Outward Bound（アウトワード・バウンド）という冒険教育の実践と考え方を学校教育に持ち込むために生まれたプロジェクトアドベンチャー（PA）を、日本において普及、展開している団体。学校教育分野以外にも、企業研修、スポーツチームのチームビルディングなど、様々な分野で展開されている。「アドベンチャー」のちからを使って、人と人との信頼関係を築き、その土台の上で一人ひとりの成長を支えることで、「器の大きな社会の実現」を目指す。
［ウェブサイト］http://www.pajapan.com

せんせいのつくり方
"これでいいのかな"と考えはじめた"わたし"へ
2014年10月1日　初版第1刷発行
2020年10月15日　　　第4刷発行

著者 ……………………… 岩瀬直樹・寺中祥吾
監修 ……………………… プロジェクトアドベンチャージャパン
ブックデザイン ………… Boogie Design
装画・挿絵 ……………… 荻上由紀子
発行者 …………………… 木内洋育
編集担当 ………………… 田辺直正
発行所 …………………… 株式会社旬報社
　　　　　　　　　　　〒162-0041 東京都新宿区早稲田鶴巻町544中川ビル4F
　　　　　　　　　　　電話（営業）03-5579-8973
　　　　　　　　　　　http://www.junposha.com
印刷・製本 ……………… 中央精版印刷株式会社

©Naoki Iwase *et al.* 2014　Printed in Japan
ISBN978-4-8451-1376-7